主编　张　会　郭军连

副主编　李少慧　孙新潮

艺融国学经典导读

YIRONG GUOXUE JINGDIAN DAODU

重庆大学出版社

内容提要

本书是2015年度重庆市教委高校人文社会科学研究一般项目"'艺融国学'理念下的艺术院校传统文化教育研究"（课题编号：15SKG277）的研究成果。全书以弘扬中华人文精神、展示国学精华、探索国学与艺术的关系为宗旨，对国学的概念、内容、体系和发展等进行了提纲挈领的介绍，对国学与艺术的关系进行了初步的探索，让读者在阅读的过程中，与先贤对话，从而触摸中华民族的伟大灵魂和文化的传承脉络，理解艺术所具有的深刻的文化内涵，增加文化认同感和民族自豪感，为建设中国特色社会主义精神文明、实现中华民族的伟大复兴而努力。本书既可作为各类高职院校尤其是艺术类高职院校的通识教育教材，也可作为国学爱好者和艺术爱好者的学习参考书。

图书在版编目（CIP）数据

艺融国学经典导读 / 张会，郭军连主编. –– 重庆：
重庆大学出版社，2017.9（2021.7重印）
ISBN 978-7-5689-0774-3

Ⅰ.①艺… Ⅱ.①张… ②郭… Ⅲ.①国学—高等职
业教育—教学参考资料 Ⅳ.①Z126

中国版本图书馆CIP数据核字（2017）第204090号

艺融国学经典导读

主　编：张　会　郭军连
副主编：李少慧　孙新潮
策划编辑：王晓蓉
责任编辑：杨　敬　　版式设计：王晓蓉
责任校对：刘志刚　　责任印制：赵　晟
*
重庆大学出版社出版发行
出版人：饶帮华
社址：重庆市沙坪坝区大学城西路21号
邮编：401331
电话：（023）88617190　88617185（中小学）
传真：（023）88617186　88617166
网址：http://www.cqup.com.cn
邮箱：fxk@cqup.com.cn（营销中心）
全国新华书店经销
重庆升光电力印务有限公司印刷
*
开本：787mm×1092mm　1/16　印张：7　字数：138千
2017年10月第1版　　2021年7月第5次印刷
ISBN 978-7-5689-0774-3　　定价：20.00元

前　言

对于"国学"的具体定义，学术界目前尚未作出统一、明确的界定。现在一般提到的国学，是指以先秦经典及诸子学为根基涵盖后期各朝代的各类文化学术，是以中国古典文化典籍为载体，表现中华民族社会价值观与道德伦理观的思想体系。

艺术体现和物化着人类的审美观念、审美趣味与审美理想，包括语言艺术、视觉艺术、表演艺术等门类。艺术本身虽然不能完全代表文化，但作为表现文化的一种形式，是传播文化的工具与手段。

"国学"作为中华民族的核心文化和价值理念，是数千万年来中国人思维方式、行为方式、生活方式和生产方式的高度总结，是我国亟待传承和弘扬的传统文化。而艺术是表现文化和升华文化的一种形式，二者相互融合，"国学"通过艺术表现出来显得更加璀璨生动，艺术作为"国学"的载体，也因此让自身具有更为厚重的文化内涵。

本书包括"国学入门"和"艺术中的国学"两部分，共八章。"国学入门"重点介绍儒学、道学、史学和文学，阐释发掘蕴含其中的人文价值，引导读者感悟其中的精义。在解读评析的基础上，适当介绍一些国学的基本常识、基本观点；"艺术中的国学"部分，侧重体现国学与表演艺术和视觉艺术的关系，了解古代中国艺术的文化内涵，阐述国学在表演艺术与视觉艺术的起源阶段对其形成和发展的影响。正是在中国传统哲学思想和审美心理的影响下，才形成中国传统音乐的中和之美、传统舞蹈的圆流周转之趣和视觉艺术所体现的对美好吉祥的愿望的追求的特点。

本书结构框架由张会设计，郭军连、李少慧、孙新潮参与本书的编撰工作，全书由张会、郭军连统稿，具体编写分工如下：第一、二、三章由李少慧编写；第四章由郭军连编写；第五章第一、二节由孙新潮编写；第五章第三、四节由张会编写；第六、七章由张会编写；第八章由郭军连编写。

最后，本书在编写过程中，编者参考和采用了国内外专家学者的相关研究成果，在此表示衷心的感谢。此书所研究的相关问题难免有疏漏和不足之处，恳请各位专家、读者批评指正。

编者　张会

2017.6

目录
CONTENTS

第二篇　艺术中的国学

第六章　国学与音乐 ————————————————————— 62

第一篇 国学入门

第一章　概述

　　一般来说，"国学"又称"汉学"或"中国学"，泛指传统的中华文化与学术。国学包括中国古代的哲学、史学、宗教学、文学、礼俗学、伦理学以及中医学、农学、术数、地理、政治、经济及书画、音乐、建筑等诸多方面。

第一节　国学的概念

一、渊源及演变

　　"国学"一词，古已有之。《周礼·春官宗伯·乐师》有言："乐师掌国学之政，以教国子小舞。"《礼记·学记》有云："古之教者，家有塾，党有庠，术有序，国有学。"孙诒让在其所著《周礼正义》中指出："国学者，在国城中王宫左之小学也。"由此可见，周代的"国学"只是国家所办的贵族子弟学校，相当于汉代的太学、晋代的国子学、隋唐宋代的国子监、元代的国子学、明清的国子监，可见，"国学"从周朝就有了。此后朝代更替，"国学"的性质和作用也有所变化，由国家级的贵族子弟学校，逐渐发展为国家的最高学府。优秀的庶民子弟也可进入国学，经过考试，量才授官。

　　唐代贞元中，李渤在白鹿洞隐居读书。至南唐时，在其遗址建学馆，以授生徒，号为"庐山国学"，首次使用了"国学"这一概念。到宋代，"庐山国学"又改称"白鹿洞书院"，成为宋代著名的藏书与讲学之所，而所藏之书与所讲之学，就是中国的传统学术文化。但是，真正把"国学"同诸多"西学"相提并论，并作为一门涵盖、统揽中国学术的概念提出来的，则是在清末民初。

　　19世纪末，面对西学和"欧化主义"的刺激，日本学界发出了提倡"国粹""国学"的呼声，从此"国学"一词流行开来。而日本所谓的"国学"学派，主要从事其王朝时代的历史、制度、文学等研究，特别强调古典的语言学研究。

　　1902年，流亡海外的梁启超曾与黄遵宪等人商议，在日本创办《国学报》。但黄遵宪主张先作"国学史"，使梁启超放弃了创办《国学报》的设想。而"国粹"

派学者则趁机大力提倡"国学"。同年，被清廷内定为京师大学堂总教习的吴汝纶在赴任前到日本考察，把在日本听过的演说、会见的人物等的"笔谈"记录，整理成《东游丛录》，并公开出版发行。其中有"勿废经史百家之学，欧西诸国兴学堂，必以国学为中坚"一句。这是中国公开出版物中最早提到"国学"一词，但这里的"国学"指的是各国本国之学，并不是专指中国传统学术文化。

1904年，邓实在《政艺通报》上发表《国学保存论》，论述了保存"国学"的重要性。次年，邓实、黄节等人在上海成立了"国学保存会"，以"研究国学，保存国粹"为宗旨，发行《政艺通报》《国粹学报》，标志着"国学"在国内的立足。

辛亥革命前，章太炎为《国粹学报》撰文，并在《民报》所载的《国学讲习会序》云："夫国学者，国家所以成立之源泉也。吾闻处竞争之世，徒恃国学固不足以立国也。而吾未闻国学不兴而国能自立者也。吾闻有国亡而国学不亡者矣，而吾未闻国学先亡而国仍立者也。固今日国学之无人兴起，即将影响于国家之存灭，是不亦视前世为尤岌岌乎？"又说："夫一国之所以存立者，必其国有独优之治法，施之于其国为最，有独立之文辞，为其国秀美之士所爱赏。立国之要素既如此，故凡有志于其一国者，不可不通其治法，不习其文辞。苟不尔，则不能立于最高等之位置。而有以转移其国化，此定理也。"章太炎在这里，把"国学"定义为"一国固有之学"，并把"国学"的兴亡与国家的兴亡相连。

《国粹学报》的主编邓实也说："国学者何？一国所有之学也。有地而人生其上，因以成国焉。有其国者有其学。学者也，学其一国之学以为国用，而自治其一国者也。"还说："国学者，与有国而俱来，因乎地理，根之民性，而不可须臾离也。君子生是国，则通是学，知爱其国，无不知爱其学也。"意思是说，"国学"为"一国固有之学"，爱国就要爱"一国固有之学"的"国学"。

然而在清末民初，学界对"国学"的释义争议很大，大致有以下几种。

一是认为"国学"即"中学"。这一释义与清朝洋务运动的代表人物张之洞倡导的"中学为体，西学为用"有关。

二是"国学"即"国粹"。把"国学"与"国粹"等同，要么名不副实，要么等于把传统学术文化"精粹"以外的内容排斥在外，又因为人们对传统学术文化"精粹"的内容理解不尽相同，自然就很难使"国学"的内容及其解释规范化。

三是认为"国学"即"国故"。这种提法曾经为许多著名学者所认可，五四运动时期的"旧派""新派""国学"家们，几乎都使用过"国故"一词。

四是认为"国学"即"中国固有之学"，亦即"中国学"。这一释义是针对"外国学"而言的。但是，中国是一个多民族的大家庭，把"一国固有之学"理解为"中华民族固有之学"似乎更合适。

"国学"即中国固有的或传统的学术文化，这个释义经过几代学者的努力和坚持，成了"国学"的通常定义。如在商务印书馆出版的《现代汉语词典》中，对"国学"一词的解释是："称我国传统的学术文化，包括哲学、历史学、考古学、文学、语言文字学等。"这可以说是自清末民初以来，一直沿用下来的比较通用的定义。

此外，外国学者称研究中国的传统学问，一般叫作"汉学"（Sinology）或"华学"，至于"中国学"的称谓，则是海外学者研究中国传统和现当代学术的合称。欧美学术界还有"东亚学"的称谓，其范围则包括对中国、日本、韩国等东亚国家的研究。

二、分类方式

国学大师吴宓认为，国学是一个国家学术的总体，是本国学术的整体，它应该包容中国学术的方方面面。张岱年则认为，国学是中国学术的简称。我国台湾学者龚鹏程也指出："国学这个词，指的是中国传统的学问。"由此看来，国学作为一国固有之学问，是一个国家民族性的传统精华。

明代学者胡应麟说："经、史、子、集，区分为四，九流百氏，咸类附焉，一定之体也。"而章炳麟把国学分为"小学""经学""史学""诸子""文学"五部分。由此可见，国学是以儒学为主体的中华传统文化与学术，以先秦的经典及诸子学说为根基，涵盖了两汉经学、魏晋玄学、隋唐道学、宋明理学、清民实学、汉赋、六朝骈文、唐宋诗词、元曲、明清小说和历代史学等内容的一套特有而完整的文化、学术体系。

具体来说，"国学"可以有以下两种分类方式。

一是《四库全书》的分类方法，把国学分经、史、子、集四大类。

"经"是指古籍经典，如《易经》《诗经》《孝经》《论语》《孟子》等，后来又增加一些语言训诂学方面的著作，如《尔雅》。

"史"指一些史学著作，包括通史，如司马迁的《史记》、郑樵的《通志》；断代史，如班固的《汉书》、陈寿的《三国志》等；政事史，如司马光的《资治通鉴》等；专详文物典章的制度史，如杜佑的《通典》、马端临的《文献通考》等；以地域为记载中心的方志等。

"子"是指中国历史上创立一个学说或学派的人物文集。如儒家的《荀子》、法家的《韩非子》、兵家的《孙子》、道家的《老子》和《庄子》等。

"集"是历史上诸位文人学者的总集和个人的选集。个人的称为"别集"，如《李太白集》《杜工部集》等；总集如《昭明文选》《文苑英华》《玉台新咏》等。《四库》未列入的一些古代戏剧作品，如《长生殿》《西厢记》《牡丹亭》等也属集部。

二是按内容属性分为三类：义理之学、考据之学和辞章之学。

义理之学，阐明事物道理，也就是哲学。

考据之学，除文学考据外也指从事历史研究，也就是史学。

辞章之学，从事诗词散文以及章奏、书判等实用文体创作，就是文学，即今天所说的文史哲等社会科学。

后来，又有人在此基础上增加了两个部分，以补其不足：一是经世之学，即治国驭民的政治、经济、法律等社会科学知识。二是科技之学，即声光化电等自然科学知识。

第二节　国学的当代意义

"国学"不是研究某个特定领域、特定对象的具体学科，而是一个涵盖了中华传统文化典籍和思想的学科体系，"国学"的内涵也被认为是一种文化精神。这种文化精神实际上是一种生活方式、价值取向、哲学理念。近代以来，尤其是改革开放以来，对传统文化有好的影响，但也带来了一些不可避免的负面影响。在中西文化相互激荡、文化和价值多元化的时代，研究、发掘国学中有价值的东西，对进行文化创新，丰富人们的精神世界，增强民族自尊心、自信心以及推动中国社会现代化建设等都具有重要的意义。

一、继承优良传统

真正优秀的思想文化是永恒的，学习研究国学，不是发思古之幽情，而是要有所发现、有所创新，提出新观念，有益于中国特色社会主义先进文化的建设。

多年前汤一介就提出，要用批评、改造、面向未来的精神对待国学。但传统文化不是一个纯粹的真理体系，而是一个糟粕与精华并存的、复杂的文化系统，因此，只有批判、扬弃传统文化中的内在局限性，继承、改造其合理内核，才能进行文化创新。从积极因素来看，"传统文化为人提供了思想工具，提供了前人的生存经验，使后人能够以已经取得的最新文明成果为起点，创造比前人更先进的文化"。然而，继承和弘扬我国优秀传统文化，也不是故步自封、"闭关锁国"，而是要汲取中西文化之长，借鉴、吸收世界文化的优秀成果。同时在整理前人已经做出的成绩时，还应推陈出新，在前人成果的基础上更向前进。总之，研究国学是为了继承优良文化传统，进行文化创新。我国必须立足于改革开放和现代化建设的实践，着眼于世界文化发展的前沿，发扬民族文化的优秀传统，汲取世界各民族文化的长处，在内容和形式上积极创新，不断增强中国特色社会主义文化的吸引力和感召力。

二、弘扬人文精神

随着市场经济的确立和发展，实用主义和功利主义观念日渐滋长，人们的道德观、价值观和人生观不断受到冲击，导致人们产生信仰危机，人文精神失落。我国传统文化具有鲜明的人文精神，注重人生伦理和艺术品位，注重自我修养和人们的精神生活。因此，学习国学，继承和弘扬我国传统文化，能够解决人自身的道德和精神维度的问题，从而弘扬人文精神。

我国传统文化的人文性，强调人格的独立与尊严，即传统的"人文精神"。这是一种以人为本的文化精神，对人的思维方式、心理机制、情感世界、审美体验、理想模式等有决定作用，深刻地影响着人们的精神生活。而正如郭齐勇所说："今天我们提倡国学，主要是提倡对理想人格的追求，克服工具理性的片面膨胀所导致的人文精神的萎缩或失落"。提倡国学，就是弘扬人文精神，丰富人们的精神世界。就像顾晓鸣所指出的一样，国学是"对民族传统思想文化的一种自觉和一种创制，在一种世界视野中界定和凸显中国自身思想文化，使之成为国学传统，使学人和大众有研习、遵循、传承、发明新的安身立命的基点"。

三、增强民族自信

任何一个民族想要屹立于世界民族之林，就必须要有本民族独有的东西，要有自尊心和自信心；而要提升民族的自尊心、自信心，就必须对本民族的文化传统有所认识。张岱年说："研究国学，意在增强民族的自我认识，既须认识传统之长，也要认识传统之缺失。既要了解本民族文化之所长，又要了解本民族文化之所短。要理解传统，超越传统。"研究国学有助于增强民族的自我认识，唤起对自己民族文化的自信，增强民族自尊心。只有正面发掘与弘扬传统文化中优秀的、精华的、富有现实生命力的东西，才能够增强人们的民族自尊心、自信心，激励人们的爱国之情。同时，国学研究还要认真总结和发掘中国传统文化中有助于现代科学发展的观念、方法、资料等，以丰富与发展现代科学。

第二章　儒学

　　儒学，是先秦诸子百家学说之一，由孔子创立。它最初指的是司徒，后来以此为基础逐渐形成完整的儒家思想体系，成为中国传统文化的主流，是中国影响较大的思想流派。

　　儒家思想以传授《四书》《五经》为主，坚持"亲亲""尊尊"的立法原则，维护"礼治"，提倡"德治"，重视"仁治"，推崇传统的责任感思想、节制思想和忠孝思想，被封建统治者长期奉为正统思想。几千年来，儒学对中国的政治、经济等各个方面存在着巨大的潜在影响，甚至对东南亚地区、欧洲乃至全世界都产生过深远的影响。

第一节　孔子与《论语》

　　孔子（东周春秋末期），子姓，孔氏，名丘，字仲尼，祖籍宋国栗邑（今河南商丘夏邑县），出生于鲁国陬邑（今山东济宁曲阜市），著名的大思想家、大教育家。孔子开创了私人讲学的风气，是儒家学派的创始人。孔子曾受业于老子，带领部分弟子周游列国十四年，晚年修订六经，即《诗》《书》《礼》《乐》《易》《春秋》。相传他有弟子三千，其中有七十二贤人。孔子去世后，其弟子及其再传弟子把孔子及其弟子的言行语录和思想记录下来，整理编成儒家经典《论语》。孔子在古代被尊奉为"天纵之圣""天之木铎"，是当时社会上的博学者之一，被后世统治者尊为孔圣人、至圣、至圣先师、大成至圣文宣王先师、万世师表。其儒家思想对中国和世界都有深远的影响，孔子被联合国教科文组织列为"世界十大文化名人"之首。

　　《论语》成书于春秋战国之际，《汉书·艺文志》上说："《论语》者，孔子应答弟子、时人及弟子相与言而接闻于夫子之语也。当时弟子各有所记。夫子既卒，门人相与辑而论纂，故谓之《论语》。"所以，《论语》是一本后人归纳、整理并编纂而成的一本记录孔子和他的几个主要门徒的言行的书。《论语》的重要性在于，它全面反映了孔子的人文思想、政治观念和社会理想，被司马迁称作"孔氏书"，它可以说就是一本记录了孔子济世思想的启示录。

一、《论语》的精神世界

春秋时期，周王朝衰微、"礼崩乐坏"、诸侯纷争、社会动乱，在当时的社会背景下，孔子经过思考，逐渐形成了自己立身处世的原则思想，可概括为以下几点：确立了以"仁"为内容、以"礼"为形式，即内容与形式相结合而又以"仁"为主导的整套伦理观、政治观和社会观；确立了从上述基本思想产生的"重君尊王"的思想；确立了反对"过"与"不及"，主张"执其两端而用其中于民"的"中庸"思想；确立了"道"与"权"变通运用的思想；确立了"笃信好学，守死善道"（《论语·博泰》）的思想；确立了不迷信鬼神而又主张祭祀鬼神和敬畏"天命"的不彻底的近乎于二元论的"天道"观。

1.仁者爱人

孔子说："好仁者无以尚之。"（《论语·里仁》）"仁"是全德之称，它兼具诸如忠、恕、孝、悌、诚、信、敏、惠等道德品质。"克己复礼为仁。一日克己复礼，天下归仁焉"（《论语·颜渊》）这句话可以说是孔子思想的纲要。"克己"的一种方式是"约"，即约束，孔子从学与礼的关系来谈：学要博，礼要约。所以，"约之以礼"与"克己复礼"的意思是一样的，都是指以礼来克制、约束自己的思想行为。"克己"的另一种方式是"自戒"。孔子曰："君子有三戒：少之时，血气未定，戒之在色；及其壮也，血气方刚，戒之在斗；及其老也，血气既衰，戒之在得。"自戒便是自爱，如能自戒便不会走入人生的误区。

当樊迟问仁时，孔子说："爱人。"（《论语·颜渊》）历来对"仁"的解释众说纷纭，然而"爱人"是其基本的精神，是修己之学的根本。孔子认为，"爱人"的具体表现和方法就是"忠恕"。"子曰：'参乎！吾道一以贯之。'曾子曰：'唯。'子出，门人问曰：'何谓也？'曾子曰：'夫子之道，忠恕而已矣。'"（《论语·里仁》）所谓"忠恕"，就是"己欲立而立人，己欲达而达人"（《论语·雍也》），这样由己及人、人己对待。对己，要求"克己"；对人，要求"爱人"。二者统一于"仁"之中，便是修己之学的两个支点。

2.礼乐教化

以"礼"为支柱的治人之学实际上就是孔子的治国思想。孔子继承了西周以来把"礼"作为治国之经纬的思想，认为"礼"是治国之本，形成了以礼乐教化治国安邦的总体思路。

"礼"的外在形式较多，包括祭祀、军旅、冠婚丧葬、朝聘、会盟等方面的礼节仪式。孔子认为，注重"礼"的内在精神固然重要，但内在精神终究还要靠外在形式来体现。所以，对这些礼节仪式，孔子不但认真学习、亲履亲行，而且要求弟子们严格遵守。他教育颜渊要"非礼勿视，非礼勿听，非礼勿言，非礼勿动"（《论语·颜渊》）。他说："恭而无礼则劳，慎而无理则葸，勇而无礼则乱，直而无礼则绞。"（《论语·泰伯》）对于违背礼法原则的行为，他总是给予严厉的批评和抵制。季氏八佾舞于庭，是对礼的僭越，他说："是可忍也，孰不可忍也！"（《论语·八佾》）宰我欲去三年之丧，他斥之为"不仁"（《论语·阳货》）。他教育弟子的基本原则，是"博学于文，约之以礼"（《论语·颜渊》）。在孔子看来，礼的意义十分重大。

"礼"所讲的行为准则，也具有教化性质，要义是要求人们通过加强修养，自觉地约束自己，达到人际关系的协调，因而在精神上与"仁"互相渗透、贯通。从孔子伦理学的角度去看，"礼"是人们的行为准则，体现了社会对人的外在约束；"仁"则是人的本质，是修己、爱人的内在自觉性。因此，外与内、"礼"与"仁"必须统一起来，以"礼"的准则行"仁"，以"仁"的自觉复"礼"。

3.持中守和

在以孔子为代表的儒学思想中，中庸思想占着很重要的地位，是他们为人处世和行为的重要准则。儒家认为，任何事物都有一个"度"，超过了这个"度"，事物就要走向反面；要正确解决问题，就要善于掌握事物的"度"。子贡问孔子"过"与"不及"何者为好时，孔子认为"过犹不及"，认为这两者都不是正确的认识方法与思想方法。儒家认为，"中庸之道"才是正确的认识方法与思想方法。这种认识方法与思想方法，在一定的情况或事物发展的一定阶段，推动了事物的发展，协调了社会的矛盾或人际的关系，推动了历史的发展。

在行为和做事方面，孔子提出"中行"，在《论语》中有"允执其中"，是合理至当的意思。孔子既反对急躁、冒进，又反对畏缩不前。条件不具备，贸然行事，必然发生错误，条件已经成熟，不去奋斗，就要失去机会。又说在"礼"的实际作用中，要注意其中的人际关系，必须要做到和谐和恰到好处。同时，《论语》中还进一步提出了"子绝四：毋意、毋必、毋固、毋我"（《论语·子罕》）的思想，就是说，绝对化的思想方法，是不可能做到尊重客观的。孔子认为"君子和而不同，小人同而不和"（《论语·子路》），这就在一定程度上，接触到事物的同一与矛盾。遵循这样的认识规律，人们在认识与解决问题时，既不能盲目附和或折中调和，又不能固执己见，否则，便不可能正确认识问题与解决问题。

4.因材施教

孔子一生中有大半的时间从事教育事业，相传有"弟子三千，贤人七十二"。这些人中，很多都对当时的政治，尤其是孔子思想的传播，对儒家的形成和发展起到了重要作用。纵观孔子的一生，他的行为始终贯穿着自己的理想主义。孔子的理想是要建立人与人之间充满仁爱的大同世界，因此他的教育目标是，要实现大同世界，关键要把仁爱思想灌输到广大群众中去，为此需要培养一大批有志于弘扬与推行仁道的志士和群众。在教育的作用上，孔子既重视其社会作用，也重视其在个人发展中的作用。为达到上述培养目标而确定的教学内容是"六艺"，即礼、乐、射、御、书、数六门课程；关于教学内容的实施（即教学过程），孔子明确提出应划分为学、思、习、行四个阶段；关于教学方法，孔子更有诸多辉煌的创造，如循循善诱、因材施教、学思结合、知行统一、不愤不启、不悱不发、温故知新、循序渐进、叩其两端、举一反三等行之有效的方法。

孔子创造的这些卓有成效的教育、教学方法和一整套正确的学习原则，形成了比较完整的教学内容体系，至今仍在各级各类学校的教学中发挥着重要作用。

二、《论语》的影响

《论语》作为一本对话体语录，主要记载了孔子及其弟子的交谈内容，然而其所传达的思想系统，是对当时思想道德文化、政治精神的提炼和升华。可以说，《论语》是孔子思想最全面、最集中的反映，特别是以"仁"为核心的思想体系，对目前我国正在构建的和谐社会仍具有重大的启示意义。

首先，《论语》所代表的思想是中国读书人的基础思维，并影响着全社会的思维结构。中国文化是儒、释、道三教的合流，但是，这三教在中国文化中的地位绝不是三足鼎立的，儒家文化绝对是中国文化的主流，从汉武帝开始，它就是无可争议的主流意识形态。

其次，《论语》中蕴含的哲学思想，如仁、中庸、乐天知命、出世有为等思想，对古今中外都产生过非常重要的影响。也正因为如此，赵普说："半部《论语》治天下。"钱穆说："《论语》自西汉以来，为中国识字人一部人人必读书。"林语堂说："《论语》这部书，是孔学上的圣经，是一套道德的教训。"于丹曾经说过，《论语》的思想精髓就在于把天之大、地之厚的精华融入人的内心，使天、地、人成为一个完美的整体，人的力量因而变得无比强大。而《论语》中强调的德、礼是和谐社会的杠杆。在当今社会，保持并发扬这一优秀传统，让德、礼与法相互协调，有利于和谐社会的建设。

再次，《论语》对日本、朝鲜，对东南亚各国乃至西方国家都有深远的影响。美国的克里尔认为，西方十七、十八世纪的启蒙运动和孔子思想影响有很大关系：

"一是启蒙运动思想的一些很重要的方面，与其说和当时教会的思想类似，不如说和孔子思想的立场更相类似；二是这一事实已为启蒙运动的领导人物所承认和广泛宣扬。"他还列举了莱布尼茨、伏尔泰等人的有关中国和孔子的言论，特别列举了英国尤斯塔西·巴杰尔1731年所写的话："甚至法国……也不得不坦率承认中国在'政治学'方面超过了所有其他国家，而对于伟大的孔子所搜集、整理和评论过的那些政治原理，怎么予以赞扬也是不过分的。" 1988年，诺贝尔奖获得者汉内斯·阿尔文曾说："如果人类要在21世纪生存下去，必须回头到2 500年前去汲取孔子的智慧。"

第二节　孟子其人其书

孟子（约前372—约前289），名轲，字子舆，邹（今山东邹城市）人。孟子是仅次于孔子的一代儒学宗师，有"亚圣"之称，与孔子并称为"孔孟"。孟子远祖是鲁国贵族孟孙氏，其父母已不可考。据说孟子三岁丧父，便与母亲相依为命。孟母是一位很有见识的母亲，她管教孩子甚是严格，教子有方。"孟母三迁""断织劝学"等故事，成为后世母教之典范。孟子是战国时期伟大的思想家、教育家，儒家学派的代表人物。其《鱼我所欲也》、《得道多助，失道寡助》和《生于忧患，死于安乐》、《寡人之于国也》影响深远。

《孟子》由孟子及其弟子共同编写而成，是"十三经"中唯一以作者名字命名的经典。《孟子》记载有孟子及其弟子的政治、教育、哲学、伦理等思想观点和政治活动，行文气势磅礴、感情充沛、雄辩滔滔、极富感染力，流传后世，影响深远，成为儒家经典著作之一。书中提倡的"性善"论和王道"仁政"思想，是儒家思想中极为重要的组成部分。

一、《孟子》的内容及价值

《孟子》为"四书"之一，是孟子的言论汇编，由孟子及其弟子共同编写而成。此说法最早见于赵岐《孟子题辞》："此书，孟子之所作也，故总谓之《孟子》。"它记录了孟子的语言、政治观点和政治生活。

《孟子》现有七篇传世，包括《梁惠王》《公孙丑》《滕文公》《离娄》《万章》《告子》《尽心》，每篇均为上下篇，共二百六十一章，约三万五千字。但《汉书·艺文志》著录《孟子》为十一篇，比现存的《孟子》多出四篇。

《孟子》记录了孟子的治国思想、政治观点（仁政，王霸之辨，民本，格君心之非，民为贵、社稷次之、君为轻）和政治行动，成书大约在战国中期。其学说出发点为性善论，主张德治。南宋时朱熹将《孟子》与《论语》《大学》《中庸》合在一起称"四书"。自宋、元、明、清以来，都把它当作家传户诵的书，直到清末，"四书"一直是科举必考内容。

《孟子》是四书中篇幅最大、部头最重的一本。《孟子》这部书不但理论纯粹宏博，而且文章也极其雄健优美。

《孟子》的语言明白晓畅，平实浅近，同时又精练准确。作为散文，《孟子》长于论辩，更具艺术的表现力，具有文学散文的性质。其中的论辩文，巧妙地运用了逻辑推理的方法。孟子得心应手地运用类比推理，往往是欲擒故纵、反复诘难，迂回曲折地把对方引入自己预设的结论中，如《梁惠王下》。

气势浩然是《孟子》散文的重要风格特征。这种风格源于孟子人格修养的力量。具有这种浩然之气的人，能够在精神上压倒对方，能够做到藐视政治权势，鄙夷物质贪欲，气概非凡、刚正不阿、无私无畏。《孟子》中大量使用排偶句、叠句等修辞手法，以增强文章的气势，使文章气势磅礴、若决江河，沛然莫之能御。

二、《孟子》的影响

《孟子》是儒家经典，是先秦杰出散文集，具有很高的思想价值和艺术成就，在历史上曾产生过极为深刻、广泛的影响，直至今日，依然为人们所珍视。

自汉代以来，研究《孟子》的学者层出不穷，成果丰硕，并形成了专门学问——《孟子》学。宋代"二程"合"四书"，朱熹注"四书"，《孟子》入经，孟子地位逐渐提升，更多的人关注《孟子》，《孟子》学渐成显学。《孟子》是入世哲学，所以历代统治者关注《孟子》，借助它教化民众，安邦治国；学者研究它，陶冶情操，丰富思想，提高学识。古代学者在诠释孟子思想时，基本上都与当时的政治伦理和社会发展紧密关联，以此挖掘其时代价值。汉代，董仲舒对《孟子》"天人合一"的思想进行发展，明确提出"天人之际，合而为一"的思想，并在此基础上提出天意与人事能交感相应的"天人感应"概念。董仲舒明显继承和发展了孟子的"天人合一"思想，或者说孟子"天人合一"思想是董仲舒"天人感应"思想的渊源。那么董仲舒为什么要发展孟子的"天人合一"思想呢？他仅仅出于推崇孟子吗？不是，主要是为他的"君权神授"立论寻找圣学依据。宋代理学家对《孟子》的理欲观作了进一步诠释。程颐说："人心私欲，故危殆。道心天理，故精微。灭私欲则天理明矣。"这里所谓"灭私欲则天理明"，就是要"存天理、灭人欲"。朱熹在《孟子集注》中云："人欲肆而天理灭"。他把破坏封建道德伦常的个人的过度欲望称为"人欲"，"灭人欲即是天理""灭私欲即天理明"。此后朱熹又强调"天理人欲，不容并立"，必须"革尽人欲，复尽天理"，故"存天理，灭人欲"成为朱熹理欲观的高度概括。孟子提倡寡欲，理学家在此基础上提出"存天理，灭人欲"，契合当时特定的时代背景，是出于儒家学派革除时弊、拯救文化、整顿人心，重建伦理纲常、维护封建统治的需要。理学是建立在孟子哲学之上的理论体系，孟子强调寡欲，宋理学家要灭欲，要灭的不是人的生存之欲，而是纵欲和贪念。它不是否定孟子理欲观，而是发展了孟子的理欲观，是挖掘孟子思想的时代价值。

近代康有为借《孟子》言志，在1901年创作完成《孟子微》，在序中言："举中国之百亿万群书，莫如《孟子》矣。传孔子《春秋》之奥说，明太平大同之微言，发平等同民之公理，著隶天独立之伟义，以拯普天生民于卑下钳制之中，莫如孟子矣！"事实上康有为在《孟子微》中对孟子发展不多，真正意图是要托圣人之论，言自己的理想与主张。他欲借孔孟的权威，言自己的"大同"社会理想，论证维新变法理论的合理性，减少或消除维新变法的阻力。这就展示了孟子思想的时代价值。

近年来，《孟子》研究参与者越来越多，年成果量不断攀升，研究领域不断拓展，研究理念和方法不断更新，《孟子》思想也被赋予了新的内涵。20世纪80年代，我国处于改革开放初期，重视经济建设，急需让老百姓脱贫致富。所以，学者高度关注孟子的民本思想，强调要关注民生、顺应民心。20世纪90年代，我国经济建设驶上"快车道"，学者在继续研治孟子民本、教育、伦理思想的同时，热衷解读孟子经济管理思想，并联系实际，分析其现实意义。进入21世纪，我国经济建设取得令人瞩目的成就，但同时也出现了资源无序、过度开发，区域、行业发展不平衡等许多不和谐现象。"构建社会主义和谐社会"成为社会发展的战略目标，在这一时期，研究《孟子》"天时不如地利，地利不如人和"的和谐思想成为热点。

《孟子》内容思想博大精深，政治上倡导"民为贵、社稷次之、君为轻"，主张具仁心、施仁政；经济上提出恢复井田制度，授田于民，轻徭役、薄赋税、不误农事，制民之产的富民经济观；性善论、"天人合一"的哲学思想影响深远；强调道德修养是齐家、治国、平天下的根本；重视道德教育和意志的锻炼，主张因材施教；"知人论世""以意逆志""知言养气"的文艺思想影响深远。《孟子》就像一座宝藏，在不同时代都熠熠生辉。

第三节　《大学》与《中庸》

一、《大学》

　　《大学》是一篇论述儒家修身治国平天下思想的散文，原是《小戴礼记》第四十二篇，相传为曾子所作，实为秦汉时儒家作品，是一篇中国古代讨论教育理论的重要著作。经北宋程颢、程颐竭力尊崇，南宋朱熹又作《大学章句》，最终和《中庸》《论语》《孟子》并称"四书"。宋、元以后，《大学》成为学校官定的教科书和科举考试的必读书，对中国古代教育产生了极大的影响。

　　《大学》提出的"三纲领"（明明德、亲民、止于至善）和"八条目"（格物、致知、诚意、正心、修身、齐家、治国、平天下），强调修己是治人的前提，修己的目的是治国平天下，说明治国平天下和个人道德修养的一致性。

　　《大学》全文文辞简约、内涵深刻、影响深远，主要概括总结了先秦儒家道德修养理论以及关于道德修养的基本原则和方法，对儒家政治哲学也有系统的论述，对做人、处世、治国等有深刻的启迪性。然而，《大学》把人的思想束缚在儒家的思维范围之中，给古代文人带来思想僵化的缺点。

二、《中庸》

　　《中庸》是一篇论述儒家人性修养的散文，原是《小戴礼记》第三十一篇，相传为子思所作，是一篇中国古代讨论教育理论的重要论著。经北宋程颢、程颐极力尊崇，南宋朱熹作《中庸集注》，最终和《大学》《论语》《孟子》并称为"四书"。宋、元以后，《中庸》成为学校官定的教科书和科举考试的必读书，也对中国古代教育产生了极大的影响。

　　中庸之道的主题思想是教育人们自觉地进行自我修养、自我监督、自我教育、自我完善，把自己培养成为具有理想人格，达到至善、至仁、至诚、至道、至德、至圣、合外内之道的理想人物，共创"致中和，天地位焉，万物育焉"的"太平和合"境界。

　　《中庸》作为儒家经典，至今已流传两千多年，在儒家学说中占有重要地位，位于"四书"次位，在中国历史上的各个时期都有其独特的学术特点、学术成就和社会地位。

第三章　道学

在中国的现有宗教中，只有道教是中国土生土长的本土宗教。道教自创立迄今，已经有近两千年历史。在将近两千年的发展历程中，道教历尽盛衰兴替。随着道教的发展，一些道教思想已经深深地渗透在中国人的社会生活和观念世界之中。道教对中国古代文学、医学、音乐、书法、绘画、建筑、雕塑等产生了深远影响，甚至还对中国古代科技作出了重大贡献，因而被英国学者李约瑟盛赞为全世界最重视科学的宗教。道教是从中国文化中孕育出的民族宗教，所以它更能契合中国人的文化心理，更具民族特色。鲁迅先生曾经说："……中国根柢全在道教……以此读史，有许多问题可以迎刃而解。"（《致许寿裳》）由此可见，了解道教文化对全面地理解中国文化有着至关重要的意义。

第一节　道家与道教

一、道家的人生哲学

道家思想是中国传统文化的主流学说之一，道家所追求的处世态度、养生之道、自然观和精神境界等都对后世产生了重大影响。

1. 处世态度

据《史记·老庄申韩列传》载，孔子曾问礼于老子，老子这样说："君子得其时则驾，不得其时则蓬累而行。"后来，儒家的另一位代表人物孟子，据此演绎为"达则兼济天下，穷则独善其身"。因此，道家的处世观，既是"出世"的，也是"入世"的。道家历来主张"济物利人""扶危济困"和"追求大同"。而这里所说的"时"，指的是机遇，亦即客观条件的成熟与否。具备一定的客观条件（其中甚至包括自身的智慧、能力），"得其时"了，就应该努力多做功德善举，为社会作贡献，为天下苍生谋福祉；如果客观条件不具备，"不得其时"，则应该保持虚静，完善自我的身心修养，甚至包括去创造条件，以待时机，而不作非分之想，或轻举妄动。总之，在"出世"与"入世"的问题上，道家所尊崇的是"顺其自然"，亦即不违背万事万物的客观规律，持科学的、切合实际的态度，反映在具体的立身行事上，就是"无为而无不为"。

2. 养生之道

道家崇尚"贵生""重生"与"乐生"，亦即高度珍惜生命，因此非常重视"养生"的问题，构建了一整套系统的关于养生保健的理论与方法。东晋著名道学家葛洪就曾经说过："我命在我不在天。"元、明间的得道高人张三丰也曾这样说："福自我求，命自我造。"

3. 自然观

道家认为，人与自然是有机同构的整体，是相互感应的，存在着因果报应的同感关系；甚至进一步明确地认识到，人必须依赖于大自然才能得以生存，所以，"自然之道不可违"。《道德经》三十二章中写道："天地相合，以降甘霖，民莫之令而自均。"天地间阴阳和合，上下感通，产生了氤氲之气，化作甘露慈霖，养育和滋润万物，不分厚薄地施惠于天下众生，这才有了生机勃勃的大千世界。庄子则在他的《大宗师》《应帝王》中把大自然比作统领一切的大宗师和大帝王，人类只有顺应大自然的规律和法则，才能获得真正的快乐，从而进入逍遥境界。

庄子在《齐物论》又说道："天地与我并生，万物与我为一。"认为天地（亦即大自然）同我们人类本来就是相互依存、共同存在的。庄子把道家的人生哲学与自然哲学有机地融合在一起，这就是道家一再倡导的"天人合一"的哲理思想和科学的自然观的生动体现。

4. 精神境界

道家要求我们达到的精神境界，概括地说，就是"清静无为，恬淡寡欲"，也就是《道德经》所说的"致虚静，守静笃"。然而，这里所提及的"无为"，不是指无所作为，什么都不去做，而是指掌握天地间万事万物的本质特性及其运动规律，不去做违背万物运动规律的事。

清，指无私而至于空明之极；静，是指在"清"的制控下，不为外物所惑；能使自己的心灵虚静空明，超脱尘世的功名利禄，达到"无私"乃至"无我"的境界。这样就符合"道"的要求了，也就能使自己的心态变得豁达，轻松自然，怡然自得，进入"独与天地相往来"的逍遥境界。

二、道家与道教的关系

要研究道家与道教的关系，就不得不从道教的起源说起。

道教的起源可以追溯到很早以前。上古时代的鬼神崇拜、先秦时期的诸子百家思想、战国中期兴起的方仙道运动以及秦汉之际兴起于荆楚地区的黄老信仰等都为道教的产生提供了重要的思想资源。

上古时代由于人们认识自然的能力有限，所以认为神秘的自然现象背后有着各种神灵主宰。这些主宰自然现象的神灵，就是后世道教中风雨雷电等神灵最早的原型。上古时代巫师掌握的祈雨、解梦、占卜、通神等各种操控自然的神秘技术，在道教产生后也逐渐被道教吸收，成为道教的法术。上古时代巫、医不分的现象也对道教产生了深远影响。道教非常重视医学，葛洪、陶弘景、孙思邈等伟大的医学家均出身道门。

先秦诸子中对道教影响最大的无疑要数道家学派。中国古代学者并不刻意区分道教和道家，他们往往笼统地使用道家来指代二者，只是在必要的情况下才会指出"道家"有老庄和张天师的不同，认为张天师代表的"道家"（即现在所说的道教）是对老庄道家思想的歪曲。甚至直到现在，在英文中无论是道家还是道教都写作Taosim，这些都足以说明道家思想和道教之间的密切关系。道家对道教最重要的影响是它为道教提供了最根本的理论基础。道教之所以自称为"道教"，就在于它始终把道家创造出的那个"生天生地"的"道"作为最高崇拜对象，只不过在道家那里，"道"是一个抽象的宇宙本体，而在道教中"道"则被人格化为最高神灵。道家除了为道教提供了理论支撑之外，还为道教提供了其他思想资源，比如《庄子》中姑射之山上的神人、呼吸吐纳的修道技术、《老子》中宣扬的长生久视之道，都和道教中的神仙思想一脉相通。

作为一个有组织的独立宗教，道教正式出现的时间一般被认为在东汉中后期。在这个时期，中国出现了两个影响巨大的民间道教教派，即兴起于东方的太平道和流行于西南地区的天师道。太平道是巨鹿（今河北平乡）人张角创立的一个民间教派，该派创立后，"十余年间，徒众数十万"（《后汉书·皇甫嵩传》），影响遍及全国各州郡。后来，张角以"苍天已死，黄天当立"为口号发动黄巾起义，起义失败后太平道便渐次渐灭。天师道是沛国丰人（今江苏丰县）张陵在四川创立的一个民间道派，因信徒入教需交纳五斗米，故又称"五斗米道"。天师道传到张陵之孙张鲁时发展至全盛时期，张鲁在汉中建立了政教合一的割据政权。后来张鲁投降曹魏政权，天师道的中心随之转移到华北地区。西晋灭亡后，天师道又随着北方汉人的大量南迁，传播到江南地区，进入了新的发展阶段。

魏晋南北朝时期道教呈现出两种发展趋势。一种是继续延续以前的民间化发展方向，在民间传播发展。另一种则采取和统治阶层合作的上层化发展方向，一方面得到了上层的信任，为道教发展创造了良好的环境；另一方面开始了改革道教，创立经典的努力。坚持民间化发展方向的道教常常和农民起义联系在一起，比如孙恩、卢循、陈瑞等人发动的宗教起义都属此例。真正使道教得到空前发展的则是上层化发展道路。在这个时期，南方出现了葛洪、陆修静、陶弘景，北方出现了寇谦之等好几个了不起的道士，对道教发展起到了举足轻重的作用。寇谦之的"清整道教"运动为天师道赢得了北魏王朝的推崇，葛洪全面总结了道教思想，陆修静在整理道教经典方面作出了无与伦比的贡献，陶弘景更以他的博学多识赢得了梁武帝的尊敬，被时人誉为"山中宰相"。魏晋南北朝时期各地的道士还编制出了一大批早期道教经典，其中影响最大的是上清和灵宝两大经系。"上清经"据说是神仙降笔写出的。最早的"上清经"来自南岳夫人魏华存，后来茅山道士杨羲也写下了许多神仙降授的"上清经"，并传给许迈、许谧，于是逐渐形成了以茅山为中心的上清派道教。"灵宝经"出自葛洪的先祖太极仙翁葛玄，一直在南方流传。葛洪之后葛巢甫又炮制出一批"灵宝经"，于是形成了灵宝派道教。从而，上清派、灵宝派和原有的天师道成为那个时期影响最大的三个道派。

唐宋时期，由于唐朝王室认老子为祖先，宋朝王室认道教神仙赵玄朗为祖先，所以都大力扶持道教，道教在这个时期遂发展至巅峰阶段。进入唐代以后，南北天师道和上清派、灵宝派逐渐合流，形成以讲究符箓为主的正一道。宋元时期，受佛教影响，北方兴起了由王重阳创立的讲究性命双修、出家苦行的全真道。在丘处机等全真道士的推动下，全真道迅速传遍全国，而南方擅长符箓的正一派也仍然十分兴盛。从此，中国道教形成了一直延续至今的全真道和正一道并峙的道教格局。明清以后，由于道教自身流弊日滋、统治者对道教态度逐渐淡漠等种种原因，道教发展已今不如昔，日渐衰落。然而，正规的道教在社会上层的发展呈衰落状态的同时，道教信仰却更加深入地渗入民众生活之中，对广大民众的观念产生了更为深远的影响。

第二节　《道德经》

《道德经》是春秋时期老子（李耳）的哲学作品，又称《道德真经》《老子》《五千言》《老子五千文》，是中国古代先秦诸子中的一部著作，为其时诸子所共仰，是道家哲学思想的重要来源。

一、《道德经》的主要内容

《道德经》分上下两篇，上篇《德经》、下篇《道经》，不分章，后改为《道经》三十七章在前，第三十八章之后为《德经》，并分为八十一章。文本以哲学意义之"道德"为纲宗，论述修身、治国、用兵、养生之道，而多以政治为旨归，乃所谓"内圣外王"之学，文意深奥，包涵广博，被誉为"万经之王"。

"道" 这个字，在《 道德经 》里面前后出现了七十三次 ,这七十三个"道"字，符号形式虽然一样，但意义内容却不尽相同。甚至可以说，《道德经》的主要内容，就落在这个"道"字上，玄妙之道、人生之道、治国安邦之道和用兵之道尽在其中，集中阐释了《道德经》的主要内容。

二、《道德经》的历史影响

《道德经》内容涵盖哲学、伦理学、政治学、军事学等诸多学科，被后人尊奉为治国、齐家、修身、为学的宝典。它对中国的哲学、科学、政治、宗教等产生了深远的影响，体现了古代中国人的一种世界观和人生观。包括先秦诸子在内，中国人的文化思想没有不受老子影响的。

中华民族有着悠久灿烂的传统民族文化。老子漠视礼法、重返自然、悠然遁世的生活，正好给忧郁不得志而又不失浪漫天性的一派中国文人提供了精神栖息的场所，心灵的家园。实在、憨厚、勤劳已成为中华民族的标志，但中国人爱好自由，他们随遇而安的生活态度，无不源于崇尚自然、不争的"道"。中国文学尤其是诗歌的山野田园之风，崇拜淳朴，企慕自然之情调等，离不开道家对诗人浪漫气质的熏陶，更源于道家对诗人视野心胸的引导开阔。

《道德经》被俄、英、德、日等国作为古代哲学中的奇书而翻译出版。据联合国教科文组织统计，《道德经》是除了《圣经》以外被译成外国文字发布量最多的文化名著。

第三节 《庄子》

《庄子》又名《南华经》，是道家经文，由战国中期庄子及其后学所著，到了汉代以后，尊之为《南华经》，且封庄子为"南华真人"。其书与《老子》《周易》合称"三玄"。《庄子》一书主要反映了庄子的哲学、艺术、美学与人生观、政治观等。

一、《庄子》的主要内容

《庄子》约成书于先秦时期，《汉书·艺文志》称其著录五十二篇，今本三十三篇。其中内篇七篇，外篇十五篇，杂篇十一篇。全书以"寓言""重言""卮言"为主要表现形式，继承老子学说而倡导相对主义，蔑视礼法权贵而倡言逍遥自由，内篇的《齐物论》《逍遥游》和《大宗师》集中反映了此种哲学思想。行文汪洋恣肆、瑰丽诡谲、意出尘外，乃先秦诸子文章的典范之作。

《庄子》与《易经》《黄帝四经》《老子》《论语》，共为中华民族的几部源头性经典。它们不仅是道德与文化的重要载体，而且是古代圣哲修身明德、体道悟道、天人合一的智慧结晶。庄子等道家思想是历史上除了儒学外仅有的被定为官学与道举的学说。

二、《庄子》的历史影响

文人墨客，在现实中受了挫折，往往痛读庄子，幻想虚静无为，放浪形骸，做"逍遥游"，生云外之志；且中国的文人，大都在现实的纷争中以孔子思想自励，又在内心世界以庄子自遣。所以，几千年来，庄子给人们提供了在现世心灵安顿的场所，因终其书，"游"始终是庄子眼中的最高境界。

《庄子》一书，文采斐然，特别引人入胜之处在于它文笔优美，鲁迅在《汉文学史纲要》中评价："（其书）大抵寓言，人物土地，皆空言无事实，而其文则汪洋捭阖，仪态万方，晚周诸子之作，莫能先也。"先秦之后的许多思想家、文学家都曾从庄子的思想和著作中汲取过丰富的营养。同时，庄子奇伟的哲学思想，直接激发了魏晋玄学及禅宗的思辨，与老子哲学一起奠定了中国哲学之根基。除此之外，中国美学、绘画等领域无不受其影响。

第四章　史学

　　我国自古就有记录历史的传统。唐太宗曾说："以史为鉴，可以知兴衰。"由此可见历史在我国文化中的重要地位。因此，我国有专门研究历史的学科——史学。

第一节　史学概说

　　梁启超在《中国历史研究法》中说："中国于各种学问中，惟史学为最发达；史学在世界各国中，惟中国为最发达。"此说符合历史实际。中国古代史学是座瑰丽的宝库，其内容之丰富、形式之多样、制度之完备、史家之杰出、理论之精善，都充分说明中华民族是一个富有历史传统的民族。

一、中华重史的传统

　　中国有着悠久的重史传统，《尚书·召诰》云："我不可不监于有夏，亦不可不监于有殷。"《诗·大雅·荡》云："殷鉴不远，在夏后之世。"通过西周初年的这些史料我们可以看出，早在西周初年我国就已经有了较为浓厚的重史传统。春秋时期"礼崩乐坏"，人们普遍追求实力与实利，但是人们"赋事行刑，必问遗训，而咨于故实"。正是得益于这样的一种环境，中国传统史学诞生了。

1. 重史传统的表现

　　总结前代的统治经验教训，以古鉴今，加强文化思想控制，改善、巩固自己的统治，是史籍编撰的主旨。中国历代统治者重视史学，首先表现在重视史书的编撰，其次表现在重视史学家对历史人物和事件的评价，这是由史书的性质所决定的。史书的基本内容是对历史事件或历史过程所作的全面记载以及撰史者对其的评判、解释、说明，其目的是总结历史经验教训，为巩固当时王朝的统治服务。在我国历史上，从奴隶社会开始，统治者就非常重视史学，朝廷中设立了史官，专掌记载历史，而且当时史官的地位很高。进入封建社会，特别是秦汉大一统建立封建王朝之后，出于巩固统治的需要，统治者加强了对文化思想的统治。他们销毁或者篡改史书记载，打击与本朝政见不合的撰史者和文人，对史书的编撰权严加控制，其措施即禁止私撰史书，开创并逐步完善官修史书制度。官修史书制度从东汉朝廷编撰本朝史《东观汉纪》开始，经过魏晋南北朝时期官修与私修的并行，至隋代，为了加强中央集权的统治，禁止私撰史书。唐代政府设立史馆，负责编修前代史和本朝国史，并由重臣或宰相监修，正式确立了史馆修史的制度，政府对史籍编撰工作的控制大为加强，从此官修史书成为我国古代史书的主体。该制度对中国传统史学的发展，史籍数量的迅速增加起了一定的促进作用。但是官修史书的有关内容取舍必须符合统治者的需要，对历史人物及事件的评价也必须体现统治者的意图，史书的编撰实际上就是当时实施统治的重要内容。因此，其思想性受到了很大局限。特别是有的王朝对撰史者及有关文士的打击镇压，如秦始皇的焚书坑儒、清代的"文字狱"等，证明了统治者对史学严密控制的消极作用。

2. 重史传统的原因

重史的原因主要有以下几个方面：

① 历史在古代中国所起的作用，在一定程度上等同于对神的崇拜和对某种宗教的信仰。

任何传统的形成都有一个较长的过程，并且有其必然的原因，中国历史传统也不例外。在人类的早期，无论哪一个群体、哪一个民族，都要经过一个对自然或超自然力量的崇拜，产生自己的神话，也往往会产生巫术、占卜、祭祀或原始的宗教信仰。巫师、祭司等负责沟通人与神之间关系的人具有崇高的地位，而记录他们活动或言论也成为一个部族或群体最重要的任务之一，负有这类任务的人就是原始的史官。早期的巫师与史官大多兼于一人，但随着群体范围的扩大和事务的增多，两者逐渐分化。中国黄河流域的部族较早形成发达的农业文明，物质条件的改善和稳定使供养专职的史官成为可能。

同样，农业社会发达的部族，就会较游牧、狩猎、采集等生产方式条件下形成和维持着的部族拥有更多的人口，也更重视人本身的力量。但人类之间的威慑力毕竟有限，统治者还是不得不借助于天或神的力量。为了巩固自己的统治权威，统治者总是将自己打造成天或神的代表。所不同的是，在有些群体中，神被直接当作统治者；而在另一些群体中，统治者被当作神的代表。中华民族显然属于后者，所以在中国古代没有形成系统的神话，至多是一些半神半人的英雄，并且逐渐让位于代表了天意或天命的人物。开天辟地的盘古、创造人类的女娲、移山填海的精卫，很快让位于有具体事迹的黄帝、尧、舜、禹，就连黄帝乘龙飞升的结局也为禅让等经过美化的故事所取代。

"溥（普）天之下，莫非王土；率土之滨，莫非王臣"的理想，"君权神授"和"天人感应"的观念，都赋予记录君主言行和祭祀、军事等大事的史官最神圣的使命——他们所记录的实际是天意，是天命的体现。如果有半点不实，那就是曲解了天意和天命，就是欺天。正因为如此，历史在古代中国所起的作用，在一定程度上等同于对神的崇拜和对某种宗教的信仰。天或神的意志通过天象、祥瑞、灾异传达给人类社会，或者直接给予人类庇佑或惩罚，又由获得它们充分授权或信任的君主加以执行。史官的作用不仅在于记录以君主为核心的事实，而且扮演着沟通天人之间的角色——因为只有他们如实地记录了天意、天象，上天的意图才能被人们所了解。离开了他们的记录和解释，普通人不可能从某种孤立的现象或事件中了解天意，即使那些人有幸在现场，或耳闻目睹、亲身感受。对于后人来说，史官的记录更是他们了解天意的唯一来源。所以，史官实际上类似于早期的巫师或祭司，或者是宗教中的高级神职人员。

　　② 由于普遍害怕不良的历史记录会给自己的余生或后代带来"恶报"，在客观上也增加了古人对历史的敬畏。

　　早在先秦时，就出现了坚持记录事实的史官的典型。例如，公元前607年，荒淫暴虐的晋灵公引发了晋国的内乱，他为将军赵穿所杀，而当时担任正卿（首席大臣）的是赵盾。内乱平息后，太史董狐记下"赵盾弑其君"（赵盾以臣子的身份谋杀了他的君主），并在朝廷公开宣示。赵盾认为这不是事实，董狐反驳说："子为正卿，亡不越境，反不讨贼，非子而谁？"（你作为正卿，逃亡时尚未走出国境，返国后又不惩治凶手，不是你又是谁呢？）赵盾无言以对，但也不敢对董狐有所不利，因为他明白董狐的精神支柱是什么。公元前548年，殉职的齐国太史兄弟的事迹更为惨烈：齐庄公因与大臣崔杼之妻私通，被崔杼指使部下杀死，另立齐景公为主。事后这位太史记下"崔杼弑其君"的事实，被崔杼所杀。太史的两位弟弟相继作同样记录，相继被杀。太史的四弟依然这样记录，崔杼无计可施，只能就此罢休。南史氏得知太史接连被杀，唯恐齐国的历史中断，准备去续写。途中听说已经有人如实地作了记载，才放心地回去。这一切已经远远超出了一般的职业道德，而是基于神圣的使命感，这才是董狐、齐太史兄弟和南史氏视死如归的根源。而赵盾之所以不加害于董狐，崔杼最终不敢继续杀害太史的四弟，并不仅仅是慑于他们的人格力量，而是害怕违背天意，丧失天命，遭到天谴。

　　"视死如生"的观念在先秦时就已形成，至秦汉已成为处理后事的原则。君主的去世被认为是生命在另一个世界的延续，所以不仅要给予精神上的尊崇，还需要物质上的供养。这也使君主对史官的记录和未来编纂成的历史保持着更大的敬畏心。如果说受到天谴或许还有点虚无缥缈，至少不至于立竿见影的话，那么在另一个世界要直接听到后人的咒骂，看到自己的子孙后代受到报应，就足以使他们的行为有所收敛，或者在史官面前要有所顾忌。而在民间，无论是由境外传入的佛教、本地产生的道教，还是各种多神崇拜，都更直接地满足着人们的世俗诉求，表现为"善有善报，恶有恶报"的因果报应观念。即使是士大夫阶层，尽管表面讲求的是儒家学说、孔孟之道，骨子里大多也信因果报应。由于普遍都害怕不良的历史记录会给自己的余生或后代带来"恶报"，人们增加了对历史的敬畏。不过物极必反，这样的敬畏也会导致另一种后果——千方百计地使历史记载对自己有利。

③ 新建立的朝代都会把为前朝修史作为国家政治的大事，其主要目的是通过修史掌握解释天命的主动权。

其实，孔子在编纂《春秋》时，就发现了现实与理念的矛盾——理论上应该代表"天命"的"天王"，周天子不仅掌握不了天下的命运，连自己的颜面和生命都难保证；而犯上作乱的乱臣贼子非但得不到应有的惩罚，还能堂而皇之地享用天子礼仪，成为诸侯的共主。痛心疾首的孔子既不能违背史官有事必录的准则，又不愿接受礼崩乐坏的现实，于是创造了"春秋笔法"的记录手段，即在保存事实的同时用不同的词语显示自己的贬褒立场。如周天子被迫逃出国都，《春秋》记为"天王狩于河阳"。周天子到达河阳倒是事实，却成逍遥自在的"狩猎"。而"狩"此后也成了皇帝逃亡或被俘的代名词，如宋徽宗父子被金兵俘虏后北迁称为"北狩"，慈禧太后逃往西安记为"西狩"。后世儒家称颂"孔子修《春秋》而乱臣贼子惧"，认为他"一字之褒荣于冕绂，一字之贬严于斧钺"，尽管乱臣贼子根本不怕"一字之贬"，也不在乎"一字之荣"。

正因为如此，新建立的朝代都会把为前朝修史作为国家政治的大事。总结历史的经验教训，将历史当作一面镜子，当然是目的之一。但更主要的是，通过修史掌握解释天命的主动权，以证明本朝取代前朝，是因为前朝已失去天命，被天所厌恶、抛弃；而本朝得了天命，得到了上天的眷顾和庇佑，因此识天命的臣民就要像对待前朝一样忠于本朝，而不能逆天意而动。成功地运用对历史的解释权，不仅能消弭敌对行动和潜在的反抗势力，还能赢得前朝遗臣遗民的衷心拥戴。

二、中国良史精神

中国古代史家历来把秉笔直书视为持大义、别善恶的神圣事业和崇高美德。他们以直书为荣、曲笔为耻，为了直书，不避强御、不畏风险，甚至不怕坐牢、不怕杀头，表现出中国史家的高风亮节，被称为"良史"。

"良史"精神与"良史"论，贯穿于整个中国古代史学。中国古代原先"巫史不分家"，巫集算卦记史于一身。为了准确计算概率，巫非常重视记录真实的历史，这可以说是中国"良史"精神的起源。随着历史和史学的发展，"良史"的内涵逐渐丰富和提升。而孔子所论，则是这一精神的渊源所在。《左传·宣公二年》有这样一条记载：（宣公二年秋，九月）乙丑，赵穿攻灵公于桃园。宣子未出山而复。大史书曰："赵盾弑其君。"以示于朝。宣子曰："不然。"对曰："子为正卿，亡不越竟，反不讨贼，非子而谁？"宣子曰："乌呼，《诗》曰：'我之怀矣，自诒伊戚。'其我之谓矣！"孔子曰："董狐，古之良史也，书法不隐。赵宣子，古之良大夫也，为法受恶。惜也，越竟乃免。"

这是中国史学上明确地提到的关于"良史"的记载，也就是说，孔子是现知最早提出"良史"概念的思想家、史学家。孔子称董狐为"良史"，因其"书法不隐"，即作为史官能够做到不畏权势，按照礼的原则和书法的要求记事。这件事情在中国史学上产生了深远的历史影响，"良史"之称，每每见于史书。

系统、明确地指出何谓"良史"的是清代史学家章学诚，章学诚给了我们明确的答案："才、学、识，三者得一不易，而兼三尤难，千古多文人而少良史，职是故也。"他承接刘知几的"史才三长说"，指出良史具备的基本条件应是"才学识"；同时，又提出："史所贵者义也，而所具者事也，所凭者文也。"即"良史"在其史著中更应兼具义、事、文，后者与前者是相互联系的："非识无以断其义，非才无以善其文，非学无以练其事。"识来断义，才以善文，学能练事，"良史"具备才学识的目的就是使义、文、事三者完美地融合于史著之中。具体来说，"良史"要有史德，修炼仁义之心术；良史要重掌故，达到经世致用；良史要工文，使成天下至文。

随着历史和史学的发展，"良史"的内涵更加丰富并进一步得到提升，以至于"良史"一词往往具有不同的指向，主要有以下几点。

1. 秉笔直书的气节

早在中国史学开始兴起之时，秉笔直书就成为史家的崇高美德而受到称赞，以秉笔直书而被时人称为"良史"者，最早有董狐："古之良史，书法不隐。"（《左传·宣公二年》）其后如李彪："秉笔立言，足为良史。"（《魏书》）《唐会要》记史官吴兢抵制宰相张说提出略改数字的要求，曾言："若取人情，何名为直笔！"这使同修史官"深惊异之"，感叹："昔董狐古之良史，即今是焉！"与此相类似的是，南宋史家袁枢同乡章惇"家以其同里，宛转请文饰其传"，袁枢拒，言"子厚为相，负国欺君。吾为史官，书法不隐，宁负乡人，不可负天下后世公议"。时任兼修国史的宰相赵雄感叹说，袁枢"无愧古良史"。

这种直书的精神成为史家遵循的传统，刘知几在《史通》中，写了《直书》《曲笔》的专篇，总结唐以前史家直书的优良传统，表彰南、董仗气直书，不避强御；韦、崔肆情奋书，无所阿容的直书精神。刘知几指出，直书与曲笔的对立，认为直书是实录的前提，而曲笔则会造成实录难求。正是从实录的角度来区别直书与曲笔的界限，集中地反映了中国古代史学的求实精神。

这种直书精神有很大的影响力，正直的史官和史家都会自觉效法、付诸实践。

贞观年间，褚遂良负责记录太宗言行，太宗欲索取过目，褚遂良以"不闻帝王躬自观史"为由加以拒绝。太宗问他："朕有不善。卿必记之耶？"褚遂良回答："臣职当载笔，君举必记。"《贞观政要》的作者吴兢曾参与《则天皇后实录》，如实地记载了魏元忠事件的原委。宰相张说感到此事于己不利，想让史官"删削数字"，吴兢义正词严地斥责说："若取人情，何名为直笔？"

以"实录"作为评定良史的标准之一，是史学批评最鲜明的表现。仅仅依靠予夺褒贬，后人可能看不到历史的真相，无法发挥史学的取信功能。而"良史"的职责就是按照历史事实的本来面目书事载言、善恶昭彰，从而达到劝善惩恶的目的。

2. 会通古今的器局

中国古代有代表性的史家及其撰述，一般都具有恢宏的历史视野。他们学兼天人、会通古今，用包容一切的气势和规模，阐述历史的发展过程，探究历史的前因后果。

有以史论精辟而被誉为"良史"的史家如魏徵，《旧唐书·魏徵传》记："有诏遣令狐德棻、岑文本撰《周史》，孔颖达、许敬宗撰《隋史》，姚思廉撰《梁史》《陈史》，李百药撰《齐史》。徵受诏总加撰定，多所损益，务存简正。《隋史》序论，皆徵所作，《梁》《陈》《齐》各为总论，时称良史。"有以"会通"而贯穿古今被誉为"良史"者，如东汉班固评价司马迁："涉猎者广博，贯穿经传，驰骋古今，上下数千载间，斯以勤矣。"中国古代史学的"会通"思想，从司马迁提出"究天人之际，通古今之变，成一家之言"的撰述宗旨，到司马光"鉴前世之兴衰，考当今之得失"的"通鉴"思想，再到郑樵提出"同天下之文""极古今之变"的"会通之义"，深深地影响着人们对"良史"的评价。班氏父子最早阐述了司马迁会通古今的良史之才。班彪说："若迁之著作，采获古今，贯穿经传，至广博也。"班固承袭父说，进一步评论道："司马迁据《左氏》《国语》，采《世本》《战国策》，述《楚汉春秋》，接其后事，讫于天汉。其言秦汉，详矣……亦其所涉猎者广博，贯穿经传，驰骋古今，上下数千载间，斯以勤矣。"这不仅肯定了司马迁采集文献的广博，还指出司马迁贯通古今历史、详于秦汉历史的特点。班固撰写《汉书》，就继承了这一宗旨，说要"综其行事，旁贯五经，上下洽通""穷人理，该万方""函雅故，通古今"。司马迁、班氏父子并称"良史"，能通古今之变是一个重要的原因。

在这里，司马迁"究天人之际，通古今之变"的撰史宗旨，成为评价"良史"的标准之一，从而使这种视天人古今、社会历史为统一整体的观念，更深透地渗入史家思想当中，成为许多史家的共识。

史学史上明确提出"会通之义"并把它作为整个史学工作原则和史家责任的是郑樵。在《通志·总序》中，他多处提倡"会通之义""会通之旨""会通之道"，其主旨一是重视古今"相因之义"，贯通历史的联系；二是重视历代损益，揭示"古今之变"。在此观点下，郑樵一方面推崇司马迁的会通，说他"会《诗》《书》《左传》《国语》《世本》《战国策》《楚汉春秋》之言，通黄帝、尧、舜至于秦汉之世，勒成一书……使百代而下，史官不能易其法，学者不能舍其书。六经之后，唯有此作"。另一方面批评班固《汉书》断代为史，失却了司马迁会通古今之旨。他说："自《春秋》之后，唯《史记》擅制作之规模。不幸班固非其人，遂失会通之旨，司马氏之门户自此衰矣。……由其断汉为书，是致周、秦不相因，古今成间隔。"显然，他这些观点继承了司马迁"通古今之变"的历史思想。他撰著《通志》，也以继承司马迁的会通传统而自居。清人于敏中称赞郑樵："爰自著此书，推天地之中，极古今之变，网罗数千载之典籍，而才与识足以贯之""可谓良史之才也"。

3. 才识兼备的素养

在史学上，以博学多识而留"良史"之美名的，最早当是春秋时楚国左史倚相。《左传·昭公十二年》记，楚灵王对子革称赞左史倚相是"良史也，子善视之，是能读《三坟》《五典》《八索》《九丘》"。这表明，谙于典籍、历史知识渊博是评价"良史"的一个标准。《三国志·方技·管辂传》裴注记："近有阎续伯者，名缵，该微通物，有良史风。"唐初学者李至远，"少秀晤，能治《尚书》《左氏春秋》，未见杜预《释例》而作《编记》，大趣略同。复撰《周书》，起后稷至赧，为传纪，令狐德棻许其良史"。中唐史家沈既济因"博通群籍，史笔尤工"，被时任吏部侍郎的杨炎以"有良史才"举荐，任左拾遗、史馆修撰。以上这些史家都因博闻强识，具有丰富的历史知识而被人们称为"良史"。

在博学的基础上，史学上还有以善于叙事而被誉为"良史"的史家，有这样几种表述。东汉班彪称赞司马迁说："善述序事理，辩而不华，质而不野，文质相称，盖良史之才也。"陈寿进而指出："司马迁记事，不虚美，不隐恶。刘向、扬雄服其善叙事，有良史之才，谓之实录。"陈寿撰《三国志》，"时人称其善叙事，有良史之才"；孙盛撰《晋阳秋》，"词直而理正，咸称良史焉"。这些都是从善叙事的角度评价"良史"，或"文质相称"，或不虚美隐恶，或"词直而理正"。

史文尚简是历史叙事的重要方面，以"尚简"而被誉为"良史"者有以下几人。干宝撰《晋纪》，"其书简略，直而能婉，咸称良史"。值得注意的是，将"直"与"能婉"相结合，可以看作与《左传》作者评价《春秋》"婉而成章"有着思想上的连续性。唐太宗也曾提倡良史应"发挥文字之本，导达书契之编"，而史官敬播因能够撮颜师古《汉书》注之机要而被房玄龄称赞为"有良史之才"。《旧唐书》作者评价唐史官韦述"事简而记详，雅有良史之才"，评价吴兢"叙事简核，号良史"。明人胡应麟也指出："文之繁简，可以定史之优劣。"这些都突出了史家叙事以"简"为特点，故刘知几强调以"简"为叙事之类，指出"史之为美者，以叙事为先"。清代史家赵翼在评价姚察、姚思廉父子修《梁书》《陈书》的贡献时指出："两朝数十卷书，经父子两世纂辑之功始就，盖作史之难不难于叙述，而难于考订事实，审核传闻，故不能速就耳。至其文笔，亦足称良史。所可嫌者唯多载诏、策、表、疏之类，稍觉繁冗，而叙事之简严完善，则李延寿亦不能过。"

4. 经世致用的宗旨

自孔子作《春秋》，写史就有明确的经世目的。司马迁对《春秋》主旨的总结和宣扬，以及他对自己"究天人之际，通古今之变""稽其成败兴坏之理"等著史思想的自觉阐释，集中体现了他对史学经世传统的自觉意识。他说："居今之世，志古之道，所以自镜也，未必尽同。帝王各殊礼而异务，要以成功为统纪，岂可绲乎？"就是说，当今的人们，了解历史是为了给自己立一面镜子，以为借鉴，但不必完全模仿古人，因为古今的形势不同，关键是能解决当今的社会问题。他叙述汉高祖功臣及其子孙的兴衰历史，做出了"观所以得尊宠，及所以废辱，亦当世得失之林也，何必旧闻"的结论。他指出，当今的社会是正在演化的历史，认真总结近代或当前的社会变化，能得到很多可借鉴的经验。这个思想对后来史家和政治家有很大影响，从唐宋两代对史学鉴戒作用的重视可以清楚地看到这一点。唐代君臣对总结历史经验教训有极高的自觉性，在"以史为鉴"的风气下，他们对《史记》垂诫惩劝的精神也有更深刻的认识。所谓"究天人之际，通古今之变"就是以人事作为治乱兴衰的一个主要的因素，探讨人事与历史成败兴衰的关系，从中得到历史、人生的大智慧。

可以说，以史经世的思想因为司马迁而具有强烈的时代精神和人文精神，并促使后代史家不断地以修史的方式实现自己的社会责任，促进了史学朝着正确的方向发展，使中华文明不曾中断，生生不息。在此过程中，经世致用的思想深深地积淀在人们心中，成为评判良史的指导思想。

总而言之，我国古代史学的良史精神所包含的内容是非常丰富的，关于良史的思想和信念反映了中国史家深刻的历史意识、自觉的史学意识和高度的历史责任感。它不仅促使史家思考怎样认识自身的价值，促使他们关注历史、关注现实；同时，也促使历代史家视治史为神圣的事业，锲而不舍地为之奋斗，形成了中国史家深厚的良史精神传统。

第二节 史书的体例

我国古代很早就设有史官，由于上古史官注重保存史料，到了西汉后期，就有大量的史书出现，卷帙浩繁、种类很多。班固在《汉书·艺文志》中说："左史记言，右史记事。事为《春秋》，言为《尚书》。" 早期的史书都是以编年史的形式存在，在晋朝太康年间汲冢出土的《竹书纪年》也是编年体。东汉末年，荀悦撰成《汉纪》，开创了编年体的断代史。编年体的优点是方便考查历史事件发生的具体时间，了解历史事件之间的联系，还能避免叙事重复，《资治通鉴》的成功开创了撰写编年史的高潮。陈寅恪曾说："中国史学莫盛于宋。"编年体盛行起来，从而产生了纲目体与纪事本末体。梁启超以为："盖纪传体以人为主，编年体以年为主，而纪事本末体以事为主。夫欲求史迹之原因结果以为鉴往知来之用，非以事为主不可。"并在《新史学》中将史籍划分为十种、二十三类，即正史(官书、别史)、编年、纪事本末(通体、别体)、政书(通体、别体、小纪)、杂史(综记、琐记、诏令奏议)、传记(通体、别体二)、地志(通体、别体)、学史、史学(理论、事论、杂论)、附庸(考据、注释)等。

中国古代史学在先秦肇始与形成后，于秦汉至隋唐时期发展和成熟，于两宋至明清时期日益深化并出现了变革的趋势。史部的书有多种体例，分别作如下介绍。

一、编年体

编年体史书是中国传统史书的一种体裁，其以历史事件发生的时间为中心，是按年、月、日来编撰与记述历史的一种方式，是编写历史最早也是最简便的方法。它以时间为经、以史事为纬，比较容易反映出同一时期各个历史事件的联系。因为编年体是中国最古老的史书体裁，故《隋书·经籍志》称其为"古史"。

编年体最早起源于中国，其他地区类似形式的历史书则称为年代记，编年体也是年代记的一种，如《春秋》《资治通鉴》等就是编年体史书。

1. 编年体史书的创立

在奴隶社会，史书只有记事和记言两种基本形式。在封建社会，记事和记言两种史书的内容互相渗透、互相融合，从而产生了正式体裁的史书。这种体裁以按照时间顺序叙事为原则，但不是机械地按照年月日的顺序只作简略的记事，而是以年和月为纲，既记事，又记言，更可以追叙往事、附叙后事，并有当事人或后人对某一事件或人物所作的评论，因而对史事有比较完整的叙述。这种按照年月日时间顺序编排史事的史书体裁，称为编年体。我国现存第一部编年体史书，是孔子整理编订而成的鲁国历史《春秋》。编年体是先秦史籍体裁的主流。

2. 编年体的发展

从《史记》《汉书》创纪传体之后，编年、纪传二体并行于世。东汉末年，荀悦用编年体撰成《汉纪》，记西汉一代历史，开创了编年体的断代史。从汉至唐，纪传体成为正式的独家体裁，编年体地位逐渐衰落。而后编年体的飞跃发展，源于北宋司马光编撰的《资治通鉴》。这一编年体巨著的撰成，使编年史的编撰出现了一个高潮。自宋代以来，代有续作，使编年体也形成了一个从上古传说时代直到清代、世代相传的庞大的史书体系。

3. 编年体史书的缺陷

编年体史书的优势，是可以在同一年代内看出不同的史实，有利于对历史进行总体考察，但其也有较大的缺陷。以事系日、以日系时（季）、以时系年，对了解一代兴亡大势极为方便。但历史事件自酝酿、发生至结束，往往延及数月乃至数年，编年体史书诸事杂陈，从中人们难以稽其首尾。也就是说，其优点是给人以明确的时间观念，比较容易反映出史事发生和发展的时代背景；缺点是不易集中反映同一历史事件前后的联系。因此，从《左传》起，就用追溯往事或带叙后事的方法，以弥补这一缺陷。另外，这种体裁以时间为中心，对人物生平、典章制度和文化的叙述多过于简略且割裂，年代不明的事甚至无法写入书中，这些都影响了编年体史书的使用价值。

二、纪传体

纪传体是通过记叙人物活动，反映历史事件。纪传体史书的突出特点是以大量人物传记为中心内容，是对记言、记事的进一步结合，能够更好地表现人物的性格，创始于司马迁的《史记》。

在司马迁之前，先秦史籍在编纂方法上已出现了若干体例，而司马迁综合各种体例，集于一书，创造了以人物为中心的纪传体史书《史记》。该书分为"本纪""表""书""世家""列传"五个部分。"本纪"是帝王的传记，按年月顺序，记载帝王的政绩言行，兼及当代的重大事件，属于编年体；"表"是大事记，用表格形式，按时间顺序，提纲挈领地谱列史事；"书"是各种典章制度的专史，记述社会政治、经济、文化、天文、地理等各方面的制度沿革或发展情况；"世家"是重要诸侯的传记；"列传"主要是人物传记，也有少数"列传"记载的是我国少数民族的历史以及当时与我国有交往的国家的历史。此外，在每篇"本纪""表""书""列传"的最后，都有一段评论文字，发表史家对本篇记述的历史人物与事件的意见，借以表达作者的政治观点和史学思想。这种史书体裁以"纪""传"为主体，"表""书"为辅助，既各有分工，又互相配合，组成一个有机的整体，后人称其为"纪传体"。

三、纪事本末体

史书的两大主要体裁是纪传体和编年体，这两种体裁各有优势，缺点也很明显。前者往往容易出现内容重复的现象，在描述发生在同时期的事件时，很难体现出相互之间的关联。后者虽然时间概念很强，但很破碎。因此，后来便出现了另一体裁，其取两家之长、补两家之短，形成了独特的叙述方式，这就是纪事本末体。"本末"这个词，原意是指树的根和梢。《礼记·大学》中说："物有本末，事有始终。"意思是任何事物都有它的起源和归宿。后来，这个词就被引申为主次、先后等意思。纪事本末体克服了编年体记事分散和纪传体记事重复的缺点，创立了一种新体裁，从而为史学发展开辟了一条新途径。

纪事本末体的写法，分两种情况：一是"一书备诸事之本末"；二是"一书具一事之本末"。它是先将重要的事件分门别类，形成独立的篇章，然后按照时间顺序，详述事件发生的原因、过程和结果。例如，史书中关于"玄武门之变"的记载，可能分散在《唐史》的各个部分中。纪事本末体就会把这些内容都提炼出来，先讲它的起因，再讲过程，最后讲结果，就像讲一个完整的故事。

纪事本末体这个体裁出现于宋代。南宋袁枢的《通鉴纪事本末》正式创立此种体例。袁枢喜欢研读《资治通鉴》，但是"苦其渊博"，认为写得不错，但内容太杂。于是，他就"区别其事，而贯通之"，把同一事件的相关内容从不同的时期里提出来，然后连贯叙述成一个整体。他把各个事件的叙述合在一起成书，因为书的内容来自于《资治通鉴》，因此，便取名为《通鉴纪事本末》。这部作品共 42 卷，记录了 239 件事，时间可上溯至"三家分晋"，下至后周世宗时期。后此书呈给当时的皇帝宋孝宗，他大加赞赏，感叹说，治国之道，都在这本书里了。《四库提要》也曾夸奖它"经纬明晰""一目了然"，意即脉络很清楚，"实前古之所未见也"。这种书写起来不容易，写书人得遍览史籍，烂熟于胸，下笔时才有把握，不致有遗漏。所以，它的史学价值是毋庸置疑的。

继南宋袁枢的《通鉴纪事本末》后，用此体改编或创作的史书很多，如明陈邦瞻的《宋史纪事本末》《元史纪事本末》，张鉴的《西夏纪事本末》，清谷应泰的《明史纪事本末》，近人黄鸿寿的《清史纪事本末》等。它们均贯通古今，自成系统。

另外，清代每一重大军事、外交行动结束，便将有关诏谕奏报按时间顺序汇编成书，称为"方略"。《四库全书》也将其列入"纪事本末体"内，这是专史的纪事本末。现总计二十九种方略，可分为三类：一类为平定叛乱，削除地方割据势力，统一和巩固边疆的活动；一类为镇压农民和少数民族起义起事；一类为处理外交洋务问题。

纪事本末体的优点在于按照某一历史事件独立成篇，各篇按时间顺序进行排列，它可以集中而相对完整地描写历史事件的全貌。但也存在较大的缺点。首先，从保存史料的作用上看，它不如编年体和纪传体。纪事本末体只能从全部历史中选择其某些方面作系统论述，而不能对全部历史作全面系统的介绍。其次，纪事本末体将错综复杂的历史有机整体分割为一些孤立的历史事件，使其失去相互之间的内在联系。不过，纪传体以人为纲、编年体以时间为纲、纪事本末体以事件为纲，三者可互相弥补其不足之处，将它们结合起来，可以展示出中国历史的不同侧面。

四、国别体

国别体史书是以国家为单位，分别记叙历史事件。《国语》是中国第一部国别体史记，也是一部分国记事的历史散文。其所记历史起自西周穆王，止于战国初年的鲁悼公，分载周、鲁、齐、晋、郑、楚、吴、越等国约427年的史实，在春秋战国之际由晋国的史官编纂成书。《国语》的记事比《春秋》详细、生动得多，也保存了许多珍贵的史料。《战国策》是一部战国时期的史料汇编。西汉后期的刘向校理群书，加以整理，去其重复，得33篇，按国别分为东周、西周、秦、齐、楚、燕、赵、魏、韩、宋、卫、中山12国策，定名为《战国策》。晋代陈寿的《三国志》则记载了魏、蜀、吴三国的历史。以上三部史书都属于国别体。

五、通史

连贯地记叙各个时代的史实，在叙述中体现历史发展脉络或贯穿其中线索的史书称为通史，如西汉司马迁的《史记》。《史记》记载了上自传说中的黄帝时代、下至汉武帝时代历时三千多年的史实，故可称为通史。

六、断代史

记录某一时期或某一朝代历史的史书或史书体例称为断代史，它是相对于"通史"而言的，东汉时班固作《汉书》，首创其例。此后大部分纪传体、编年体和纪事本末体史书都属断代史性质。

以上六种史书体例是按不同标准划分的，实际上同一史书可能同时属于多个不同史书体例。例如，《史记》可属于纪传体，也可属于通史；《三国志》可属于纪传体，也可属于国别体、断代史。

第五章　文学

　　我们伟大的祖国具有五千年历史，祖先在这块美丽富饶的土地上劳作、繁衍生息。在漫长的岁月里，先辈们在社会生活中、在与大自然的搏斗中，为我们留下了一大笔极为丰富的文化遗产，使我们能在今天了解到我们祖先的社会生活面貌，瞭望到祖国历史发展的概貌。这些文化遗产直到今天仍能给我们以美的享受，为我们的文学创作提供素材。

　　我们有值得骄傲的辉煌的文学遗产，存留下来的一代代无数的文学作品，反映了中华民族如何在这片土地上劳作、生活，如何地历尽艰辛、开拓发展。史书记录着我们民族的发展史，而文学作品则记录下我们先人的心灵旅程。时光流逝，史书留下的是历史过程，而文学作品留下的，则是这个过程中种种人物的心理活动，以及他们的喜怒哀乐。可以说，我们的文学遗产，就是中华民族的一部心灵史。

第一节　诗词

一、先秦诗歌

　　中国的诗歌产生于文字发明之前，它是在人们的劳动、歌舞中逐渐形成和发展起来的。

　　《诗经》是公元前11世纪至公元前6世纪的诗歌总集，也是中国第一部诗歌总集，共305篇，按音乐性质的不同，分为"风""雅""颂"三类。"颂"是统治者祭祀的乐歌，有祭祖先的，有祭天地山川的，也有祭农神的。"雅"分大雅和小雅，都是用于宴会的典礼，内容主要是对从前英雄的歌颂和对现时政治的讽刺。"风"是《诗经》中的精华，内容包括十五个地方的民歌。

　　公元前4世纪，战国时期的楚国以其自身独特的文化基础，加上北方文化的影响，孕育出了伟大的诗人屈原。屈原以及深受他影响的宋玉等人创造了一种新的诗体——楚辞。屈原的《离骚》是楚辞中杰出的代表作。

楚辞发展了诗歌的形式。它打破了《诗经》的四言形式，从三言、四言发展到杂言。在创作方法上，楚辞吸收了神话的浪漫主义精神，开辟了中国文学浪漫主义的创作道路。

二、两汉诗歌

《诗经》、楚辞之后，诗歌在汉代又出现了一种新的形式，即汉乐府民歌。汉乐府民歌流传到现在共有100多首，其中很多用五言形式写成，后来经文人的有意模仿，在魏、晋时代成为主要的诗歌形式。

汉乐府中著名的篇章有揭露战争灾难的《十五从军征》，有表现女性不慕富贵的《陌上桑》《羽林郎》，当然最为著名的还是长篇叙事诗《孔雀东南飞》。这首诗讲述了一个凄婉的爱情故事。焦仲卿与刘兰芝相爱至深，因为焦母与刘家的逼迫而分手，以致酿成生离死别的人间惨剧。汉乐府民歌最重要的艺术特色是它的叙事性，《孔雀东南飞》是汉乐府叙事诗的最高峰。汉乐府民歌多采用口语化的朴素语言表现人物的性格，故人物形象生动、感情真挚。汉乐府民歌中虽然多数为现实主义的描绘，但许多地方都有着程度不一的浪漫主义色彩，如《孔雀东南飞》的最后一段文字，即表现出浪漫主义与现实主义的巧妙结合。

五言诗是中国古典诗歌的主要形式，它从民间歌谣到文人写作，经过了很长的时间，到东汉末年，文人五言诗日趋成熟。五言诗达到成熟阶段的标志是《古诗十九首》的出现。《古诗十九首》不是一时一人的作品，诗的内容多叙离别、相思以及对人生短促的感触。长于抒情，善用比、兴手法是《古诗十九首》最大的艺术特色。

三、魏晋南北朝及两晋诗歌

汉末建安时期，"三曹"(曹操、曹丕、曹植)、"建安七子"(孔融、陈琳、王粲、徐干、阮瑀、应玚、刘桢)继承汉乐府民歌的现实主义传统，并普遍采用五言形式，第一次掀起了文人诗歌的高潮。他们的诗作表现了时代精神，具有慷慨悲凉的阳刚气派，形成被后世称作"建安风骨"的独特风格。"建安七子"中成就最高的是王粲，其代表作《七哀诗》三首是汉末战乱现实的写照。曹氏父子是建安文坛的风云人物，其中曹植（192—232）所取得的艺术成就最高。曹植的诗歌内容富于气势和力量，描写细致、辞藻华丽、善用比喻，因而具有"骨气奇高、词采华茂"的艺术风格，其代表诗作为《赠白马王彪》。他的诗受汉乐府的影响，但却比汉乐府有更多的抒情成分。

建安时代之后的阮籍(210—263)是正始时代的代表诗人，他的《咏怀诗》进一步为抒情的五言诗打下了基础，他常用曲折的诗句表达忧国、惧祸、避世之意。与阮籍同期的还有嵇康(224—263)，他的诗愤世嫉俗，锋芒直指黑暗的现实。他们两人的诗风基本继承了"建安风骨"的传统。

两晋时期的诗歌创作逐渐走上玄言诗道路，诗歌内容空泛。继承和发扬"建安风骨"传统，作品内容充实的诗人是左思(约250—约305)。他的《咏史诗》八首，借古事讽喻时事，思想性很强。但这类诗作毕竟不是主流，而且越来越少，直到东晋末年的陶渊明才给诗坛带来接近现实的作品。

隐居不仕的陶渊明把田园生活作为重要的创作题材，因此历来人们将他称作"田园诗人"。在当时崇尚骈俪、重形式而轻内容的时代气氛中，陶渊明继承乐府的现实主义传统，形成了他单纯自然的田园一体，为古典诗歌开创了一个新的境界，而且五言诗在他的手中得到高度的发展。

与陶渊明差不多同时期的谢灵运(385—433)是开创山水诗派的第一人。他的山水诗特点是能把自己的感情贯注其中，但有些诗字句过于雕琢，描写冗长，用典、排偶不够自然。

南北朝时期是中国诗歌史上的又一发展时期，这表现在又一批乐府民歌集中地涌现出来。它们不仅反映了新的社会现实，而且创造了新的艺术形式和风格。这一时期民歌总的特点是篇幅短小，抒情多于叙事。南朝乐府诗歌保存下来的有480多首，一般为五言四句小诗，几乎都是情歌。北朝乐府诗歌数量远不及南朝乐府，但内容之丰富、语言之质朴、风格之刚健则是南朝乐府诗歌远不能及的。如果说南朝乐府诗歌是谈情说爱的"艳曲"，那么，北朝乐府诗歌则是名副其实的"军乐""战歌"。在体裁上，北朝乐府诗歌除以五言四句为主外，还创造了七言四句的七绝体，并发展了七言古诗和杂言体。北朝乐府诗歌最有名的是长篇叙事诗《木兰诗》，它与《孔雀东南飞》并称为中国诗歌史上的"双璧"。

南北朝时最杰出的诗人是鲍照(约410—466)。鲍照继承和发扬了汉魏乐府的传统，创作了大量优秀的五言和七言乐府诗。《拟行路难》十八首是他杰出的代表作。他成熟地运用七言句法，表现了个人的不幸和对社会不平的抗议。

南齐永明年间，"声律说"盛行，诗歌创作都注意音调和谐。这样，"永明体"这一新诗体逐渐形成。这种新诗体是格律诗产生的开端。这时期比较著名的诗人是谢朓(约464—499)。谢朓以山水诗著称，诗风清新流丽。他的新体诗对唐代律诗、绝句的形成有一定影响。

四、唐代诗词

诗歌发展到唐代，迎来了高度成熟的黄金时代。在唐代近300年的时间里，留下了近5万首诗，独具风格的著名诗人有五六十人。

　　"初唐四杰"是唐诗开创时期的主要诗人。这"四杰"分别是王勃(649—676)、杨炯(650—693)、卢照邻(637—689)、骆宾王(646—684)。他们的诗虽然因袭了齐、梁流于声病、崇尚俪偶的风气，但诗歌题材在他们手中得以扩大，五言八句的律诗形式也由他们开始初步定型。

　　"四杰"之后，陈子昂(661—702)明确提出反对齐梁诗风，提倡"汉魏风骨"。他所作的《感遇诗》三十八首，即是他具有鲜明革新精神的代表作。

　　盛唐时期是诗歌繁荣的顶峰。这个时期除出现了李白、杜甫两位伟大诗人外，还有很多成就显著的诗人。他们大致可分为两类：一类是以孟浩然和王维为代表的山水田园诗人；另一类是边塞诗人，他们中的高适和岑参取得成就最高，王昌龄、李颀、王之涣也是边塞诗人中的佼佼者。王昌龄的边塞诗大部分用乐府旧题抒写战士思念家乡、立功求胜的心情，他的《从军行》《出塞》历来被推为边塞诗的名作。李颀的边塞诗数量不多，成就却很突出，《古意》《古从军行》是他的代表作。王之涣是年辈较老的边塞诗人，一首《凉州词》写尽了远征人思家的哀怨；另一首《登鹳雀楼》诗意高远，富于启示性。

　　中唐诗歌是盛唐诗歌的延续。这时期的作品以表现社会动荡、人民痛苦为主流。白居易是中唐时期最杰出的现实主义诗人。他继承并发展了《诗经》和汉乐府的现实主义传统，从文学理论上和创作上掀起了一个现实主义诗歌的高潮，即新乐府运动。元稹、张籍、王建都是这一运动中的重要诗人。元稹(779—831)的主要作品是"乐府古题"十九首和"新乐府"十二首。无论从内容还是形式来说，元诗都非常接近白居易的诗，语言通俗易懂是他们共同的特色，这是源于他们文学观点的一致。张籍和王建虽无明确的文学主张，但他们以丰富的创作成为新乐府运动的中坚。同情农民疾苦是张籍乐府诗的主题，以《野老歌》最为著名。风格与上述几人十分相近的李绅诗作虽不多，但《悯农》诗二首却为他赢得了广泛的读者。

　　除新乐府运动之外，这一时期还另有一派诗人，就是韩愈、孟郊、李贺等人。他们的诗歌艺术比之白居易另有创造，自成一家。韩愈(768—824)是著名的散文家，他善以文入诗，把新的语言风格、章法技巧带入诗坛，扩大了诗的表现领域，但同时也带来以文为诗，讲才学、追求险怪的风气。孟郊(751—814)与贾岛(779—843)都以"苦吟"而著名，追求奇险、苦思锤炼是他们的共同特点。刘禹锡(772—842)是一位有意创作民歌的诗人，他的九首《竹枝词》描写真实，很受人们喜爱。此外，他的律诗和绝句也很有名。柳宗元(773—819)的诗如他的散文一样，多抒发个人的悲愤和抑郁。他的山水诗情致婉转，描绘简洁，处处显示出他清俊高洁的个性，如《江雪》就历来为人们所传诵。李贺(790—816)在诗歌的形象、意境、比喻上不走前人之路，拥有中唐独树一帜之风格，开辟了奇崛幽峭、浓丽凄清的浪漫主义新天地。《苏小小墓》《梦天》等都是充分体现他独特风格的作品。

　　晚唐时期的诗歌感伤气氛浓厚，代表诗人是杜牧、李商隐。杜牧(803—852)的诗以七言绝句见长，《江南春》《山行》《泊秦淮》《过华清宫》等是他的代表作。这些诗于清丽的辞采、鲜明的画面中见俊朗的才思。李商隐(813—858)以爱情诗见长。他的七律学杜甫，用典精巧、对偶工整，如《马嵬》就很有代表性；他的七言绝句也十分有功力，《夜雨寄北》《嫦娥》等是其中的名作。

晚唐后期，出现了一批继承中唐新乐府精神的现实主义诗人，代表人物是皮日休、聂夷中、杜荀鹤。他们的诗锋芒毕露，直指时弊。

五、宋代诗词

诗发展到宋代已不似唐代那般辉煌灿烂，但却自有它独特的风格，即抒情成分减少，叙述、议论的成分增多，重视描摹刻画，大量采用散文句法，使诗同音乐的关系疏远了。

最能体现宋诗特色的是苏轼（1037—1101）和黄庭坚（1045—1105）的诗。黄庭坚诗风奇特，在当时影响广于苏轼，他与陈师道一起开创了宋代影响最大的"江西诗派"。宋初的梅尧臣（1002—1060）与苏舜钦（1008—1048）并称"苏梅"，为奠定宋诗基础之人。欧阳修（1007—1072）、王安石（1021—1086）的诗对扫荡宋初西昆体的浮艳之风起过很大作用。国难深重的南宋时期，诗作常充满忧郁、激愤之情。陆游（1125—1210）是这个时代的代表人物。与他同时的还有以"田园杂兴"诗而出名的范成大（1126—1193）和以写景说理而自成一体的杨万里（1124—1206）。文天祥（1236—1282）是南宋最后一位大诗人，高扬着宁死不屈的民族精神的《过零丁洋》就是他的代表作。

源于唐代的词，鼎盛于宋代。唐末的温庭筠（812—870）第一个专力作词。他的词辞藻华丽，多写妇女的离别相思之情，被后人称为"花间派"。南唐后主李煜（937—978）在词的发展史上占有较高的历史地位。他后期的词艺术成就很高，《虞美人》《浪淘沙》等用贴切的比喻将感情形象化，语言接近口语，却运用得珠圆玉润。

宋初的词人如晏殊（991—1055）、欧阳修（1007—1072）都有出色的作品，但依然没有脱离花间派的影响。到了柳永（约984—约1053），开始创作长调的慢词，自此，词的规模发生了显著变化。到了苏轼，词的题材又得以进一步发展，怀古伤今的内容进入了他的词作之中。与苏轼同时代的秦观（1049—1100）和周邦彦（1056—1121）也是非常出色的词人。秦观善作小令，通过抒情写景传达伤感情绪的《踏莎行·雾失楼台》《鹊桥仙·纤云弄巧》等是他的代表作。周邦彦不仅写词且善作曲，他创造了不少新调，对词的发展贡献很大。他的词深受柳永影响，声律严整、适于歌唱、字句精巧、刻画细致，代表作有《满庭芳·风老莺雏》《兰陵王·柳》《六丑·落花》等。在两宋词坛上，女词人李清照（1084—1155）以其独树一帜的风格，占有相当重要的地位。

南宋初年，面临国破家亡的危局，诗词作品多表现作家们的爱国之情，辛弃疾（1140—1207）被誉为爱国词人，他是这一时期的代表人物。受辛词影响，陈亮、刘过、刘克庄、刘辰翁等人形成了南宋中叶以后声势最大的爱国词派。

南宋后期的词人中姜夔（约1155—1235）最为著名。姜词绝大多数是记游咏物之作。在他的词作中，更多的是慨叹身世的飘零和情场的失意，较有代表性的作品是《长亭怨慢》。他的词沿袭了周邦彦的道路，注意修辞琢句和声律，但内容欠充实。

词在南宋已达高峰，元代散曲流行，诗词乃退居其后。

六、明清诗词

明代诗歌是在拟古与反拟古的反反复复中前行的，鲜有较为杰出的作品和诗人出现。

清代诗词流派众多，但大多数作家均未摆脱拟古主义和形式主义的套路，难有超出前人之处。清末龚自珍(1792—1841)以其先进的思想，打破了清中叶以来诗坛的沉寂，领近代文学史风气之先。他的诗常着眼于社会、历史和政治的观点来揭露现实，使诗成为现实社会的批判工具。后来的黄遵宪(1848—1905)、康有为(1858—1927)、梁启超(1873—1929)等新诗派更是将诗歌直接用作资产阶级改良运动的宣传载体。

第二节　文

一、文赋概说

文赋是赋体的一类。"文"指古文，即相对骈文而言的用古文写的赋，也即相对俳赋而言的不拘骈偶的赋。元代祝尧说，"宋人作赋，其体有二：曰俳体，曰文体"；同时认为用文体作赋，"则是一片之文，押几个韵尔"（《古赋辨体》）。文赋的名称较之骈赋、律赋、骚赋等，似乎注定有更多的纠结。

首先，与骈、律、骚等大致从字面便能反映出赋体的主要特征不同，以"文"名赋，难以反映出该体的主要特征。文赋中"文"的含义，要在具体语境中才能演绎出。

其次，学界对于文赋的界定存在广义、狭义两种不同观点。广义的观点认为文赋是一种散体赋，凡不拘骈偶的作品，都可归入此类。祝尧对文赋的看法，大致属于广义类。

狭义的观点认为，文赋不仅仅是散体赋，而且在内容、笔法上还有一些独特的要求。铃木虎雄认为，不仅要打破骈偶，而且要有"散文之风"，才能算作文赋。不过，他这种说法不太确切，因为"散文之风"概念本身并不明确。先秦以降，散文五光十色，风格不可一概而论，纵使"气势流动一贯"，也有不同类型，孟子、庄子、贾谊、韩愈、柳宗元、苏轼等，都可说得上气势流动，但具体风格却大有不同。马积高《赋史》提出，"新文赋"是出现在唐宋的一种赋体，郭维森、许结《中国辞赋发展史》以述史为主，没有过细辨析体式，关于文赋作品，说道："中唐以后，古文运动兴起……文赋的写作也日见其盛，李绅、沈亚之等都写作文赋，晚唐杜牧《阿房宫赋》更是文赋典型，李德裕、皮日休也是文赋作者，晚唐五代的讽刺小品赋也都是文赋。"尽管在表述上各有不同，但是上述各家对文赋的评判标准大体一致，即文赋是唐代古文运动影响下兴起的一种题材自由，笔法灵活，打破了骈赋、律赋精严对偶要求的赋体。

二、汉大赋与抒情小赋

汉赋是在汉朝涌现出的一种有韵的散文，它的特点是散韵结合、专事铺叙。从赋的形式上看，在于"铺采摛文"；从赋的内容上说，侧重"体物写志"。汉赋的内容可分为五类：一是渲染宫殿城市，二是描写帝王游猎，三是叙述旅行经历，四是抒发不遇之情，五是杂谈禽兽草木，而以前二者为汉赋之代表。赋是汉代最流行的文体，在两汉400年间，一般文人多致力于这种文体的写作，因而盛极一时，后世往往把它看作汉代文学的代表。

汉赋在结构上，一般都有三部分，即序、本文和被称作"乱"或"讯"的结尾。汉赋写法上大多以丰辞缛藻、穷极声貌来大肆铺陈，为汉帝国的强大或统治者的文治武功高唱赞歌，只在结尾处略带几笔，微露讽谏之意。汉赋分为骚体赋、大赋、小赋。

1. 汉大赋

大赋是汉代新兴的文学体裁，也是汉代文人创作的主要形式之一，前人称其为"一代文学"的代表。但汉大赋却是为适应统治阶级的政治需要而产生，又在统治阶级大力提倡下日趋发展并盛极一时的。就其主流而言，它乃是一种庙堂文学。

汉赋在内容上的主要特点就是歌颂帝王功德，娱乐宫廷生活。过去被推为汉赋正宗的主要作家几乎没有不致力于对帝王歌功颂德的，如西汉司马相如歌颂汉武帝空前的武功和权势我，王褒歌颂汉宣帝的隆盛；东汉班固歌颂汉光武帝的"恢复区域"，张衡歌颂汉和帝的"文德武德"等。与歌颂相一致的是娱乐，"为赋乃俳"（《汉书·枚皋传》）就是指作赋乃是为了点缀宫廷生活。汉初辞赋家枚乘的《七发》即已开始刻画声色犬马，此后司马相如、扬雄极写帝王园林之美、游猎之盛及女色之好，班固颂扬京都的富丽堂皇，以满足帝王贵族奢侈享乐的欲望。

汉代赋家虽然不少人想借赋的形式讽喻统治者应崇尚节俭、爱惜民力，然而实际上只能"劝百而讽一"，通篇的颂扬鼓励之辞淹没了它的"曲终奏雅"。一般来说，只"有益于淫靡之思，无益于劝戒之旨"（清程延祚《骚赋论》，）内容的局限性十分明显。

汉大赋在形式上的主要特点是铺陈夸饰。刘勰说："赋者，铺也，铺采攡文（铺陈文采），体物（描绘事物）写志也。"（《文心雕龙·诠赋》）汉大赋总是以华丽的辞藻、夸饰的手法，从各种角度不厌其详地写景状物，务必达到"使人不能加"（《汉书·扬雄传》）的程度，这就形成一种恢宏靡丽、铺张扬厉的文风。而往往由于铺张过分，雕镂过碎，奇文僻字比比皆是，以致有"字书"之讥。

与此相适应的是汉大赋的篇章规模巨大、结构宏伟，往往拉成数千上万言的鸿篇巨制。赋有固定的格式，一般前有序言，后有结语（乱辞），中间是主体正文。序言叙述作赋之缘起或事情之由来，乱辞正面发议论，寓劝诫之义，多采用单行散句；正文部分设为主客问答，主要用四言、六言的韵文形式和排比对偶的写法，形成一种散韵结合、不敢而诵和专事铺叙的特殊文体。这种文体虽然代代不乏作者，但总的来说千篇一律、呆板少变，形式主义倾向明显。

2. 抒情小赋

东汉中叶直至汉末，外戚、宦官争权，形成统治阶级内部激烈复杂的矛盾斗争，政治日趋黑暗腐败。面对这种社会现实，作家们不能不有所感受，因而汉赋从思想内容到体制、风格都开始发生转变。宣扬皇恩帝德、歌颂国势声威的长篇大赋显著减少，而讥讽时事、抨击黑暗等现实性较强的抒情小赋开始出现。张衡首开风气之先河，他的《归田赋》表现出因朝政日非而归隐田园的乐趣与不合流俗的精神。其后蔡邕的《述行赋》记叙旅途所见所感，并联想到许多古人古事，其用意是借古刺今。赵壹的《刺世疾邪赋》痛斥黑暗现实，表现出疾恶如仇的反抗精神和对被剥削、被压迫的人民的同情。祢衡的《鹦鹉赋》借笼中鹦鹉自况，抒写了才志之士身处末世屡遭迫害的感慨。这些短赋名篇，初步突破了赋颂传统，对魏晋抒情赋的发展和兴盛产生了重大影响。

三、“唐宋八大家”

　　“唐宋八大家”，又称“唐宋古文八大家”，是中国唐代韩愈、柳宗元和宋代苏轼、苏洵、苏辙、欧阳修、王安石、曾巩八位散文家的合称。其中韩愈、柳宗元是唐代古文运动的领袖，欧阳修、“三苏”四人是宋代古文运动的核心人物，王安石、曾巩是临川文学的代表人物。他们先后掀起的古文革新浪潮，使散文发展的陈旧面貌焕然一新。

　　明初朱右选韩愈、柳宗元等人文集为《八先生文集》，遂起用“八家”之名，实始于此。明中叶唐顺之所纂《文编》中，唐宋文也仅取八家。明末茅坤承二人之说，选辑了《唐宋八大家文钞》共164卷，此书在旧时流传甚广，“唐宋八大家”之名也随之流行。

　　“唐宋八大家”这一称号的出现，不是偶然的，而是当时文学斗争的产物，是为了表达一种散文主张而提出来的。

　　“唐宋八大家”有着大体一致的理论主张和创作倾向，又有着不同的风格特色。他们都是唐宋古文运动的领导者和中心人物，共同反对骈体文，不满绮丽浮华的形式主义文风，提倡恢复和发展秦汉散体文的优良传统，不同程度地坚持了文道合一的方向（在“文”和“道”的侧重上各人有所不同），为把散文从骈偶的束缚中解放出来，确立散句单行、自由书写、接近口语的新型散文——“古文”作出了贡献。他们的散文作品就是这种“古文”的典范，是唐宋古文运动的光辉结晶，体现了唐宋散文的最高成就，对后世产生了深远的影响。

　　明代中叶，文坛上掀起了以李梦阳、何景明为代表和以李攀龙、王世贞为首的前后七子的复古运动。他们在散文方面主张“文必秦汉”，认为文章越古越好，秦汉以后无文。和这种是古非今的文学发展观相联系，他们在创作上提倡因袭模仿、法古拟古，如李梦阳提出作文要像写字摹临古帖一样来模拟古人的作品。这股盲目尊古拟古的形式主义逆流，扼杀了创作的生命，阻碍了散文的健康发展，因而在当时和后世遭到了许多人的反对。在“前七子”“后七子”之间出现的“唐宋派”王慎中、唐顺之、茅坤、归有光等人，就是这样的一个反对派。他们以推崇唐宋古文，强调文章要有“真精神和千古不可磨灭之见”，来和前后七子“文必秦汉”的拟古主张相对立。唐顺之纂《文编》，茅坤编《唐宋八大家文钞》，标榜唐宋八家的古文，就是他们反对前后七子复古运动的一个具体措施。其目的是举出学习典范，揭示入门轨涂，更好地推广唐宋古文，为贯彻其散文主张服务。

四、明代小品文

　　明代在中国文学史上是一个比较尴尬的时代，诗歌创作已在唐朝达于极盛，宋人以文字、议论、才学为诗，尚能自辟一片天地，至明代则少有建树。就散文而言，经过秦汉时期的发展，在唐宋时期也是人才辈出，后世罕能匹敌。加上元朝政府对汉文化的限制，更使得诗文创作有断层之虞。但这并不是说明代作家一无所为，他们仍作了多方面的探索。围绕"复古"与"创新"，明代出现了不少散文流派，并逐渐形成了自己的特点。至晚明，小品文的创作达到了空前繁荣，为明代文学增添了一抹亮色。

"小品"作为中国古代散文的独特文体，名称始见于明万历三十九年(1611)刊行的《苏长公小品》。它的基本特征是篇幅短小，精美隽秀。

"小品"相对于"大品"而言，它本属佛家语，移植于散文中，即将短小隽永的"小品"与"大的高的正的"(周作人《〈冰雪小品〉序》)古文——"大品"区别开来。正统古文重"载道"，是儒家伦理政治的宣传品。古人讲究"道德文章"，太上立德，其次立功，再次立言。古文("立言")是道德功名的余事，又与之紧密相连。曹丕《典论·论文》开宗明义便说："文章，经国之大业，不朽之盛事。"传统古文一直处于伦理政治的附庸地位，要求主题正大，言国事、大事、正事。从春秋战国时诸子散文、历史散文到秦汉时政论文、唐宋八大家直至清桐城派古文，"道统"延续不绝，贯穿六经之旨，帮助教化，讲义理法度，语言典雅。"文"为"道"服务，最高达到文、道合一。至于韩愈所说的"不平则鸣"，虽有抒写作家个人情志的成分，主要含义还是要求散文反映时政，强调的还是实用性和功利性。

万历年间以后，历史进入晚明时期。其间，复古运动陷入穷途末路，新的社会思潮和文艺观念开始涌现，人的个性稍得解放，为散文创作提供了良好的环境。这时的散文，卸去了以往正宗古文的道学面孔，独抒性灵、愉悦人情，书写身边事、心中情，短小隽奇、活泼自由。具有这类特点的散文，通常被称作"小品文"。值得一提的是，小品文早在先秦两汉时期已见端倪，唐代韩愈的赠序、柳宗元的山水小记，都具有小品文的笔致。唐末，皮日休、陆龟蒙、罗隐等人的讽刺小品风行一时。宋代欧阳修、苏轼等散文大家，也都有脍炙人口的小品文流传。不过，直到晚明，小品文才真正形成与正统散文争雄的局面，最终像唐诗、宋词、元曲一样，成为一代文学成就的标志。

徐渭、汤显祖的散文作品，已具晚明风格。至李贽，提出"童心说"，主张文学作品要写"吾心之言"，真实地表达自己的思想感情。他在《焚书》《续焚书》中的许多作品，一般短小精悍、大胆立论，嬉笑怒骂、饶有风趣。他的思想和文风对后来"公安派"小品文的创作有着深远的影响。"公安派"的代表人物袁宗道、袁宏道、袁中道兄弟三人，都反对复古派的模拟剽窃，主张文学应独抒性灵，不拘格套，他们的创作大多贯彻了这样的主张。

"公安派"中，袁宏道的成就最为卓著。袁宏道的尺牍小品写得抒放自由，"非从自己胸臆流出不肯下笔"（《叙小修诗》），对自己的喜怒哀乐不加丝毫掩饰。他在《张幼于》中批评社会上风行一时的复古潮流，恣意嘲骂，不留半点情面；在《沈广乘》中写为官之苦，反复跌足大叹；在《丘长孺》中，极言县令丑态，令人为之破颜。其语言文字，则"信腕信口，皆成律度"（《雪涛阁集序》），于朴素平淡中见匠心独运，在机智幽默中臧否人事，堪称随意指点、挥洒自如。他又善写游记，模山范水，自然天成，即景生情，别有意趣。他的人物传记中没有达官显贵，写的也是家常琐事，但传主形神毕现，信笔之处，蕴涵深意。袁宏道与袁宗道、袁中道及雷思霈、江进之、陶望龄、黄辉诸人，互通声气，彼此唱和，使题材多样、形式自由的小品文创作风行一时。

继"公安派"之后，在小品文创作方面较为成功的是"竟陵派"的代表人物钟惺、谭元春。他们既反对模拟古人，强调书写灵性，又力避公安派"近乎近俚"的做法，追求"幽情单绪""奇理别趣"之类的意境。钟惺作文，锻字炼句，苦心经营，平淡中可见深情。谭元春佻达真率，另有格调。刘侗、于奕正合著的《帝京景物略》，也是"竟陵派"文笔。不过，尽管"竟陵派"人物有心振作文风，但由于他们刻意营造一种冷僻苦涩的气氛，未免落入为文狭窄的境地。

至王思任、祁彪佳、张岱等人，摒弃世人的门户之见，杂糅"公安""竟陵"两派之长，使晚明小品文的创作日臻完善。王思任号谑庵，其小品文正如他的为人，诙谐雅谑中不乏气宇轩昂。祁彪佳《寓山注》导人游园，不事铺张雕绘，语似家常，而意随景到，处处为篇、景景入画，园林佳妙处，渐次毕现。

张岱是晚明小品文创作的集大成者。他的作品取材广泛，自名山佳水、民风习俗，至人物论赞、器技杂志，描写无不细致深入、自然成趣；其笔力高致，方言巷咏、嬉笑琐屑之事，略经点染，即成至文。张岱的山水小品多集中在《陶庵梦忆》《西湖寻梦》中，国破家亡后，追记旧时的山山水水，恍然如在梦境，虽然迷离廓远，却因心慕意想，更加绚丽多姿、情趣盎然。张岱还善用简洁生动的语言写人描物，美丑妙肖、栩栩如生。他如序跋、像赞、书牍、碑铭等，不拘文类，都写得通脱凝练、雅俗共赏。晚明小品有张岱作结，当是明代文坛幸事。

天启、崇祯年间，随着清军入关，文人成立了"复社""几社"组织，积极参加抗清斗争。张溥、陈子龙、夏完淳等写就的一些篇章，忧国伤时，感慨激昂，都具有鲜明的时代特色和艺术特色。

总之，明代小品文，独抒性灵，枝繁叶茂，蔚然可观。小品文虽在清代一度湮没无闻，但到20世纪二三十年代，小品文再次风靡文坛。周作人在《中国新文学大系·散文一集》导言中即认为，中国现代散文的源流，"是公安派与英国的小品文两者结合而成"。明代小品文对后世散文创作的影响，由此可见一斑。

第三节 曲

一、散曲

散曲是元代形成的新型诗歌体裁，从其中的"曲"字可以看出，这是一种合乐的歌词。它的问世与成熟，是诸多因素和条件综合影响的结果。

产生于唐而在宋代高度发展的词，本具有先天的自娱性与娱众性，为乐府传统在那一时代的嫡嗣和代表。笔记所谓"凡饮井水处，即能歌柳词"（叶梦得《避暑录话》），便清楚地反映出早期词为社会所包容与欢迎的盛况。然而到了南宋后期，宋词日益典雅化、案头化，成为文人抒怀逞才的私人专利，且由于渐离社会现实及片面追求形式美的流风影响，在内容上也越来越疏远了与平民受众的旧有联系。"倚声填词"的"声"，从原初的音乐意义转变为专指平仄声调的格律。这样一来，宋词便基本上成了一种围制于高堂之中，"不复被之弦管"的纯吟诵体裁。尽管被词人在创作时所摒弃的词牌乐调于民间尚未完全失传，但平民百姓对宋词的娱众性能已失去了指望。元代杨朝英编的散曲集《阳春白雪》根据燕南芝庵《唱论》"近世所谓大曲"的叙述，于开卷伊始收列了苏轼《念奴娇》、晏几道《鹧鸪天》等十首词作，引为散曲"乐府"的同调，便不无念旧的意味，反映出"近世"可歌的词作已属凤毛麟角。而且仔细分析起来，宋词在之前从无"大曲"的说法；从入选者如此寥寥，尤其是其中《望海潮》《春草碧》《石州慢》推举金词为代表的情形来看，这些"大曲"的配乐显然已非宋词的原创，很可能是金、元人在"大晟乐府"乐谱记录亡佚后的重新谱写，其词牌不过成为该首词作的符号而已。这就如同当今歌坛上虽犹演岳飞《满江红·怒发冲冠》与苏轼《水调歌头·明月几时有》，而音乐已非古调，人们也不会用这两支乐曲去演唱相同词牌的其他词作。

平民百姓是社会生活中最活跃的因素，自然也是新兴诗体的开发者。就在南宋词坛患上"自闭症"、失却当年蓬勃英气的同时，在北方金元统治下的中原地区，民间小曲却异军突起，风靡城乡。金人刘祁在《归潜志》中说："唐以前诗在诗，至宋则多在长短句。今之诗，在俗间俚曲也。"从中可见"俚曲"的强劲风势。民间小曲除了中原本土的民歌俗曲外，还吸收了所能得到的一切养料，包括宋词的余音与影响，北方兄弟民族的乐曲与乐歌，以及曲艺、说唱等。

受到外来民族的影响，宋代的北方地区以弦索为主要乐器。弦乐器在伴奏演唱时需配合人声，于是产生了对"宫调"即主音调式的讲究。民间在"唱曲"的实践中，对宫调的采用逐步约定化，规范为"六宫十一调"，这便是日后散曲曲牌例标宫调名称的起因。民间的歌人又接受"诸宫调"说唱形式的影响，将音乐上互相衔接的单支歌曲连缀在一起，形成"带过曲"和"套数"。《唱论》所谓"成文章曰乐府，有尾声名套数，时行小令唤叶儿"，表现了民间小曲在演唱上的探索与翻新。

民间小曲以其清新活泼的风调与贴近生活的表现内容，令人耳目一新，吸引了文人的注意。也正是由于文人的加入，散曲这种新兴的诗歌体裁才得以完成。换言之，文人利用民间传唱的小调、新曲，依宋词的创作惯性倚声填词，而被之管弦、发之歌咏，供人歌唱而非单供吟诵，这就是最初的散曲。除了供歌人清唱外，文人还运用散曲的宫调与连缀演唱的方式编写故事提供伶人演出，对原先宋杂剧、金院本舞台表演的演唱部分加以规范，形成了元杂剧。元杂剧的曲词同散曲合称"元曲"，而两者的成熟时间则以散曲居先。

然而元散曲之所以能在诗歌史上雄起，成为继唐诗、宋词之后的又一座艺术高峰，却与音乐的因素无关，而在于它自身的特长。一言以蔽之，即是散曲拥有并体现了民间语言——白话的独家优势。所谓"诗庄词媚曲俗"，"俗"正是这一优势的产物。诚然，散曲并不纯以白话作成，但正因如此，它便取得了在文学语言与民间生活语言间纵横捭阖的绝大自由。曲除了"俗"以外，也能"庄"，也能"媚"，而这种"庄"或"媚"又往往带有"别是一家"的色彩。这一切使它跳脱出诗词"大雅之堂"的窠臼，从而也大大地丰富了诗歌领域的表现内容。与这种自由化、个性化的解放相适应，元曲在格律和字句上也有较大的自由，如韵部放宽、入派三声、平仄通押、不避重韵、活用衬字等，尤其是衬字的加入，更是将白话的优势发挥得淋漓尽致。

二、杂剧

在元代，叙事文学万紫千红，呈现出一派兴盛的局面，成为当时创作的主流。一些具有高度文化修养的作家，加入叙事文学的创作队伍中，使文坛的格局发生重大变化。至于抒情文学，虽然也有所发展，如散曲的创作也给诗坛带来了新的气象，但一向被视为文坛正宗的诗词，其成就远比不上唐宋两代。就抒情文学创作的总体而言，其作用和意义已退到次要的位置。

元代，我国戏剧艺术走向成熟。戏剧包括杂剧和南戏，其剧本创作的成就代表了当时文学的最高水平。

我国的戏剧，其起源、形成经历了漫长的时期。从先秦歌舞、汉魏百戏、隋唐戏弄，发展到宋代院本，表演要素日臻完善。金末元初，文坛在唐代变文、说唱诸宫调等叙事性体裁的浸润和启示下，找到了适合表演故事的载体，并与舞蹈、说唱、伎艺、科诨等表演要素结为一体，发展成戏剧，作为一门独立的艺术，脱颖而出。由于宋金对峙、南北阻隔，便出现了杂剧和南戏两种类型，它与剧本的创作，使这种叙事性的文学体裁成为文坛的主干。

元代创作的剧本，数量颇多。据统计，现存剧本名目，杂剧有530多种，南戏有210多种，可惜大部分均已散佚。至于当时投身于剧本创作的作家，现在已无法准确统计。仅据《录鬼簿》和《续录鬼簿》所载，有名有姓者220多人，而"无闻者不及录"，估计还有许多遗漏。剧作家们有很高的创作热情，有人专门为伶工写作演出的底本，有人"躬践排场"参加演出；一些名公才人还在大都组成"玉京书会"，相互切磋。许多剧作家具有很高的文化水平，像关汉卿、王实甫、白朴、马致远等人，既有丰富的人生阅历，又擅长诗词写作。当他们掌握了戏剧特性，驾驭了世俗喜闻乐见的叙事体裁，便腕挟风雷、笔底生花，写下了不朽的篇章，为文坛揭开了新的一页。当时，剧作家们为适应观众的需要，或擅文采，或擅本色，争妍斗艳，使剧坛呈现出繁荣的局面。

从现存的剧本看，元代戏剧的题材，包括爱情婚姻、历史、公案、豪侠、神仙道化等许多方面。其涉及的层面异常广阔，"上则朝廷君臣政治之得失，下则闾里市井父子兄弟夫妇朋友之厚薄，以至医药卜巫释道商贾之人情物性，殊方异域语言之不同，无一物不得其情，不穷其态"。许多剧本，塑造了性格鲜明的人物形象，揭露了现实生活中封建制度的弊陋丑恶，歌颂了被迫害者的反抗精神。可以说，剧作家们以各具个性的艺术格调和蘸满激情的笔墨，展示出元代丰富多彩的生活和人物复杂微妙的精神世界。

在元代，戏剧演出频繁，拥有大量观众。杜仁杰在散出《庄家不识勾栏》中，写到了一个乡下人进城看到勾栏时的情景："要了二百钱放过咱，入得门上个木坡。见层层叠叠团圆坐，抬头觑是个钟楼模样，往下觑的都是人漩窝。见几个妇女向台上儿坐，又不是还神赛社，不住的擂鼓筛锣。"可知勾栏里有木搭舞台，台的上方有钟楼模样的"神楼"，围着舞台有观众席。要注意的是，观众进入勾栏需要交付"二百钱"，这说明戏剧演出已成为商业活动。在勾栏中，还有所谓"对棚"，即类似后来的唱对台戏，显然，市场竞争也进入了文化领域。

在农村，戏剧则在戏台、戏楼演出。现在山西农村仍有不少元代戏台遗址，可以推知当时戏剧演出的盛况。戏台往往建于祠庙前，说明演戏和祭神酬神活动相结合，既是娱神，也是娱人。山西赵城明王庙正殿有元代演剧画壁，上有"尧都见爱大行散乐忠都秀在此作场"字样，说明专业戏班已在农村演出。《重修明应王殿碑》写到了城镇村落扶老携幼前来看戏的情景，还提到"资助乐艺牲币献礼，相与娱乐数日，极其厌饫"。足见艺人的演戏酬神，实际上也是收取费用的商业活动。

城乡演出活跃，自然涌现众多的从业人员。夏庭芝说："我朝混一区宇，殆将百年，天下教舞之妓，何啻亿万。"（《青楼集》）好些演员各有所长，技艺高超，而且具有较高的文化修养，像珠帘秀、赛帘秀、燕山秀、天然秀、梁园秀等演员名噪一时，他们和剧作家紧密合作，为戏剧的繁荣作出了贡献。

元代的戏剧，有杂剧和南戏两种类型。这两个剧种的剧本虽然也都包括曲词、宾白、科（介）三个部分，但体制又有不同。杂剧风行于大江南北，它一般由四折组成一个剧本，每折相当于今天的一幕；演剧角色可分末、旦、净三类。在音乐上，一折只采用一个宫调，不相重复。而全剧只能由正末或正旦一人主唱，正末主唱的称"末本"，正旦主唱的称"旦本"。

南戏流行于东南沿海。剧本由若干"出"组成，"出"数不作规定，曲词的宫调也没有规定。南戏角色分为生、旦、净、末、丑等各类，均可歌唱。歌唱形式多种多样，既有独唱，又可对唱、合唱、轮唱，不似杂剧只能由一人独唱到底。

杂剧和南戏的剧本，都有完整的故事情节，在戏剧冲突中刻画人物形象。剧本的唱词，则更多用以表现人物在特定场景中的思想情绪，甚至直接透露作者的心声，具有强烈的抒情性。可以说，唱词往往就是诗，这一点，构成了我国戏剧文学的特色，也说明我国叙事文学与抒情文学之间互补共生的关系。至于杂剧和南戏的演员，既要善于说白、歌唱，也要掌握科（介）即舞蹈、武打乃至杂耍的技巧。因此，元代的戏剧是综合性的艺术。

元代的戏剧活动，实际上形成了两个戏剧圈。

北方戏剧圈以大都为中心，包括长江以北的大部分地区，流行杂剧。在大都，"南北二城，行院、社直、杂戏毕集"（刘祁《析津志》），涌现了大批杂剧艺人。许多杰出的剧作家，像关汉卿、王实甫、马致远、纪君祥、张国宾、杨显之等，或是大都人，或在这里活动。这里"歌棚舞榭，星罗棋布"，杂剧演出频繁，为剧作家提供了施展才华的园地。在当时经济比较发达的城邑，如东平、汴梁、真定、平阳等地，也是作家云集。而生活于同一地域的作家，或接受地区风气的熏陶，或是旨趣相投，或是背景相近，自觉或不自觉地形成了不同的群体。观众的喜好也作为一种市场需要，对作家产生一定影响，使不同地区的创作呈现出不同的特色。例如，传说宋江、李逵等好汉在山东梁山泊啸聚，于是许多有关水浒的杂剧，便以东平为背景；曾经在东平生活的作家，也写了众多的水浒剧目，东平便成了杂剧水浒戏的发祥地。一般说来，北方戏剧圈的剧作，较多以水浒故事、公案故事、历史传说为题材，有较多作家敢于直面现实的黑暗，渴望有清官廉吏或英雄豪杰为被压迫者撑腰。至于各个作家的艺术风格，则绚丽多彩。他们以不同的风情、不同的韵味，缔造出灿烂辉煌的剧坛。就总体来看，北方戏剧圈的作品，更多给人以激昂、明快的感受。徐渭在《南词叙录》中曾说："听北曲使人神气鹰扬，毛发洒淅，足以作人勇往之志。"徐渭评述北方戏曲音乐的这一番话，也可以帮助我们整体把握北方戏剧圈的特点。

南方戏剧圈以杭州为中心，包括温州、扬州、南京、平江，松江乃至江西、福建等东南地区。和北方情况不同，这里城乡舞台，既流行南戏，也演出北方传来的杂剧，呈现出两个剧种相互辉映的局面。

南戏产生于浙江永嘉（今温州）一带，所以又被称为"永嘉杂剧"。它形成于南宋初年，在东南地区广泛流传，并渐渐进入杭州。据刘一清说，"戊辰己巳间，《王焕》戏文盛行于都下"（《钱塘遗事》卷六《戏文诲淫》）。许多艺人在这里创作、演出、出版南戏，使这座繁华的城市成了南戏的中心。

至元十三年（1276），元军占领杭州，结束了长期南北分裂的局面，国家完成了统一。因此，南北经济文化交流更加频繁，杂剧的影响也扩大到南方。在南方戏剧圈中除了演出从北方传入的杂剧剧目外，较多剧作注重表现爱情婚姻和家庭伦理等社会问题。像郑光祖的杂剧《倩女离魂》，乔吉的《两世姻缘》《金钱记》，南戏《琵琶记》和《荆钗记》《拜月记》等堪称代表。另外，南下的剧作家，往往经历过种种坎坷，看透人情世态；而长期居住在南方的作家，也对富贵功名的黯淡前景有清醒的认识，南方繁华的生活和秀丽的景色，触发他们热衷泉林诗酒的兴致。于是，许多人带着充沛的感情，描写书生怀才不遇、倨傲疏狂的景况，实际上是借剧本的人物遭遇抒发自己的胸中块垒。像《王粲登楼》《扬州梦》等剧作，便明显地表现了这一创作倾向。显然，南方戏剧圈的剧作更重视对爱情的描写和对个人情怀的宣泄，这同南方经济的发展和价值观念的演进有着密切的关系。

杂剧和南戏两个剧种的争妍斗丽，也促进了彼此的交流。徐渭《南词叙录》收录了"宋元旧篇"剧目65种，其中有一半的南戏剧目见于杂剧演出，这表明两个剧种的作家，经常相互吸取、改编彼此的作品。在音乐上，"南北合套"的出现，是两大剧种互撷精华的明证。又据杭州书会才人编的《拜月亭》"尾声"所写："书府翻腾，燕都旧本"，可见这部南戏的编写，是以关汉卿的杂剧《拜月亭》为蓝本。而关汉卿的杂剧《望江亭》第三折末尾，由李稍、衙内、张千三个角色分唱、合唱南曲《马鞍儿》，在唱法上分明吸收了南戏灵活合理的体制，并且由衙内打诨："这厮每扮南戏那！"关汉卿剧作的情况，正是南北两大剧种交汇互补、促进戏剧发展的生动例子。

三、传奇

"传奇"最早特指唐代的短篇文言小说，宋代话本小说中也有"传奇"一类。但元末明初的学者们也有人将元杂剧称为"传奇"，原因之一在于许多唐传奇都曾被元杂剧改编成剧本，而大部分杂剧也都带有浓郁的传奇色彩。自宋元南戏在明代规格化、文雅化、声腔化和全国化之后，传奇便渐渐成为不包括杂剧在内的明清中长篇戏剧的总称。

宋元南戏本是在村坊小曲、里巷歌谣和宋词等诸多艺术门类的基础上发展起来的，在音乐和表演上带有较大的随意性。因此，早期南戏一般在格律上不甚讲究，在宫调组织上亦不严密。经过元末明初"荆""刘""拜""杀"四大南戏之后，尤其是经过《琵琶记》的创作之后，南戏开始逐步规格化，宫调系统也渐渐严密起来。《琵琶记》作为南戏与传奇之间承前启后的作品，其"也不寻宫数调"的自谦之论，恰恰表现出南戏向传奇转型期间关于音乐规格化的普遍追求。也是从《琵琶记》开始，传奇多是有名有姓的文人雅士所创作，文词自然也朝着典雅，甚至骈俪方向发展。随着四大声腔的发育成熟与广为流播，源于南方的传奇成为明代戏曲的主体。

明初的传奇带有浓厚的伦理教化意味，这是与统治集团对程朱理学的大力推行息息相关的。一个建国不久的新朝廷，需要局面的稳定与思想的统一。朱元璋对标举风化、有益人心的《琵琶记》赞不绝口："《五经》《四书》如五谷，家家不可缺；高明《琵琶记》如珍馐百味，富贵家岂可缺耶！"（明黄溥《闲中今古录》）

上有所好，下必从焉。弘治年间的文渊阁大学士邱濬闻风而动，创作了《五伦全备记》等传奇。在这位理学名臣的笔下，开篇就是"备他时世曲，寓我圣贤言""若于伦理不关紧，纵是新奇不足传"。伍子胥的传人伍伦全及其异母弟伍伦备等人既是忠臣孝子，又是夫妻和睦、兄弟友善、朋友信任的五伦典型。它是明初枯燥无味的道学戏剧的发轫之作。

明初百余种传奇中，较少受道学气和八股味污染的有《精忠记》《金印记》《千金记》《连环记》等知名剧作。《精忠记》作者姚茂良系武康（今浙江德清）人。该剧讴歌了抗金名将岳飞的爱国精神，渲染了岳飞父子妻女先后被害的悲剧氛围，在阳世阴间勘问并揭露了奸贼秦桧夫妇的阴谋与罪过。姚茂良还写过《双忠记》，讴歌了张巡、许远在"安史之乱"时守城不降、骂贼而亡的英雄气概。苏复之的《金印记》写苏秦拜相前后的人情冷暖、世态炎凉，在舞台上曾广为流传。嘉定（今属上海市）人沈采所写《千金记》，以韩信为主线，描摹楚汉相争的大场面。《别姬》一出将项羽的英雄气短与虞姬的儿女情长融合成一曲慷慨凄凉之歌，是非常动人的情感戏。乌程（今浙江湖州）人王济的《连环记》，演王允巧施美人计，让吕布和董卓为争貂蝉而相互反目，连环推进的结局是董卓被诛。貂蝉在剧中是一位有政治头脑的女子，这就使全剧更为好看而且耐看。剧中《起布》《议剑》《拜月》《小宴》《大宴》《梳妆》《执戟》等出戏，在昆剧、京剧和其他许多地方戏舞台上广为流传。

尽管"《精忠记》《金印记》《千金记》《连环记》"四大剧目不乏粗糙之处，因袭的部分也在所难免，如《千金记·追信》一出袭用元杂剧《追韩信》第三折曲词。但总体看来瑕不掩瑜，诸如抗金名将岳飞的悲壮之美，苏秦家人的人情之丑，项羽与虞姬的壮美与凄美之对应组合，王允的智慧美以及貂蝉的外在美与心性美之有机融汇，都是上述四剧富于生命力的重要因素。这些人物的形象也同时反映出民族与历史本身的魅力，具有道学传奇与八股传奇无论如何也框范不了的近乎永恒的美感。

经过一个多世纪的发展，明代传奇在嘉靖时期更为盛行起来，成为剧坛上的主流艺术。作家的创作也更为自觉，更能直面现实，更加具备战斗精神。社会政治的腐败、边境敌寇的骚扰，这些内忧外患都促使作家们在剧作中发出沉重的呐喊。

嘉靖中叶时，豫章人魏良辅旅居江苏太仓，他以十年多的钻研和创造，与当地的一些戏曲家们成功地改革并推进了昆山腔的发展。融合了海盐腔、余姚腔、弋阳腔乃至北曲音乐在内的新昆腔，体制全备，后来居上，这就使得一度只在苏州地区流行的昆山腔，凭借音乐和文学的双翅，在嘉靖之后越来越受到文人雅士和统治阶级的推崇，成为四大声腔中声势最大的一种，雄踞中国剧坛榜首近300年之久。嘉靖后的大多数传奇剧本都是为昆腔而作或者尽量向昆腔靠拢，昆腔传奇从此树立了权威，确立了示范的地位。

梁辰鱼的《浣纱记》在戏剧史上有着重要的位置，通常被认为是第一部用改革后的昆山腔谱曲并演出的传奇剧本。作为魏良辅的学生，梁辰鱼不仅精通乐理，而且创作了这部具备开拓意义的昆腔大戏。

本时期的另外一部重要昆腔传奇是传为王世贞或其门人所作的《鸣凤记》，堪称戏曲史上较早、较完整地反映当时政治事变的悲剧现代戏。

万历至崇祯年间，传奇创作进入了高潮期和繁荣期，以汤显祖为杰出代表的传奇作家成为明代文学史上的一支重要方面军。以沈璟为带头人的吴江派，在传奇的创作和理论上也形成了自己的特点。

从剧目建设上看，本时期涌现出的数百种传奇作品大多较好。从声腔发展上看，昆腔传奇的创作一枝独秀，大部分传奇都是比较典雅的昆腔作品，具备较高的文学品位。

此外，明初以来一直在民间流传的弋阳腔与各地的地方戏结合起来，也上演了丰富多彩的传奇剧目。

第四节　小说

"小说"一词最早见于《庄子》，庄子所谓的"小说"，是指琐碎的言论，与今日小说观念相差较远。《汉书·艺文志》中已有"小说家"一条，此时小说指"街谈巷语、稗官野史之谈"，而中国小说最大的特色是自宋代开始具有文言小说与白话小说两种不同的小说系统。文言小说起源于先秦的街谈巷语，在历经魏晋南北朝及隋唐时代长期的发展后，无论是题材还是对人物的描写，文言小说都有明显的进步，形成笔记与传奇两种小说类型。而白话小说则起源于唐宋时期说话人的话本，故事取材于民间，主要表现百姓的生活及思想意识。但不管文言小说或白话小说都源远流长，呈现出各自不同的艺术特色。

一、魏晋南北朝小说

魏晋南北朝小说篇幅短小、叙事简单，只是粗陈故事梗概，而且基本上是按照传闻加以直录，没有艺术的想象和细节的描写。其虽有人物性格的刻画，但还不能展开。所以，这还不是成熟的小说作品。在中国小说史上，魏晋南北朝的志怪小说和志人小说是不可缺少的一环。在人物刻画、细节描写以及叙事语言的运用等方面，它们都为唐传奇的写作积累了经验。一些唐传奇的故事就取自于这个时期的小说，如《倩女离魂》与《幽明录》中的《阿庞》，《柳毅传》与《搜神记》中的《胡母班》，《枕中记》与《幽明录》中的《焦湖庙祝》，都有继承关系。唐以后的文言小说中始终有志怪一类，《聊斋志异》是这类小说的顶峰。后世模仿《世说新语》的小说达几十种之多，这也说明了魏晋南北朝小说的影响力之大。

1. 志怪小说

志怪小说记述神仙方术、鬼魅妖怪、殊方异物、佛法灵异故事，虽然许多作品中表现了宗教迷信思想，但也保存了一些具有积极意义的民间故事和传说。志人小说记述人物的奇闻逸事、言谈举止，从中可以窥见当时社会生活的一些面貌。

志怪小说按内容可分为三类。

① 地理博物，如托名东方朔所著的《神异传》、张华的《博物志》。

② 鬼神怪异，如曹丕的《列异传》、干宝的《搜神记》、托名陶潜的《搜神后记》、王嘉的《拾遗记》、吴均的《续齐谐记》。

③ 佛法灵异，如王琰的《冥祥记》、颜之推的《冤魂志》。

志怪小说中值得注意的是那些曲折地反映了社会现实、表达了人民的爱憎以及对美好生活向往的作品。例如，《搜神记》中的《韩凭妻》叙述宋康王霸占韩凭的妻子何氏，导致韩凭被囚自杀，何氏亦自杀。后来，韩凭夫妇墓间生出相思树，一对鸳鸯恒栖树上，交颈悲鸣。《冤魂志》中的《弘氏》写地方官为迎合朝廷旨意，抢掠弘氏材木，并将他处死。弘氏鬼魂报仇，以致诬害他的官吏死去，在皇帝陵上用他的材木所建的寺庙也被天火烧毁。这两篇作品表现了人民对暴政的反抗精神。

2. 志人小说

志人小说的兴盛与士族文人之间品评人物和崇尚清谈的风气有很大关系。这类志人小说既是品评人物和崇尚清谈的结果，又反过来促进了这种风气的发展。从志人小说在当时受到社会重视的情况，也可以看出它们的编纂适应了当时的社会需要。例如，裴启的《语林》一写成，远近许多人争着传抄；又如，梁武帝曾敕命殷芸撰《小说》。

志人小说今传较少，按其内容也可分为三类。

① 笑话。邯郸淳所著的《笑林》，对世态有所讽刺。如写楚人有担山鸡者，欺

人曰凤凰，以讹传讹，连皇帝也轻信了。又如写某老人家富无子而性吝啬，饿死后田产充官。《笑林》开后世俳谐文字之端。

②野史。葛洪伪托刘歆所作的《西京杂记》，记述西汉的人物逸事，也涉及宫室制度、风俗习惯、衣饰器物，并带有怪异色彩。其中有的故事后世很流行，如王昭君、毛延寿的故事，又如司马相如、卓文君的故事。

③奇闻逸事。这是志人小说的主要部分，有裴启的《语林》、郭澄子的《郭子》、沈约的《俗说》、殷芸的《小说》等。其中，刘义庆的《世说新语》是成就和影响最大的一部。

二、唐传奇

用"传奇"之名指称唐代小说，并不是唐人的发明。唐人还没有把他们创作的小说看成一种独立的文体，这看似与"有意为之"的论断相悖，但事实确实如此。唐人"有意"把"传奇"写得离奇、怪诞、惊险，曲折动人，但骨子里却是把它们当作史传来写的。唐传奇的许多名篇都是以"传"或"记"为题，如《任氏传》《柳氏传》《霍小玉传》《长恨歌传》《古镜记》《枕中记》《离魂记》《三梦记》等。以史传或杂史杂传的观念来写小说，应该是文体上的"不自觉"，但其"设幻为文"的特点，在创作上则是一种"自觉"，即"有意为之"。据今人考证，"传奇"最早是中唐元稹的《莺莺传》的原题，晚唐裴铏则把自己的小说集名为《传奇》。元稹、裴铏以"传奇"称自己的作品，都是因为自己笔下的文字是以情节新奇见长。

唐传奇流传于世的不多，大多散见于宋初编辑成书的《太平广记》《文苑英华》《太平御览》以及清代修撰的《全唐文》等书。鲁迅、汪辟疆、张友鹤等人和其他学者从中辑校出300余篇。这虽说不上是冰山一角，但肯定不是全璧。

唐传奇的发展阶段也不是十分明显。尤其与诗相比，显然无法用"初盛中晚"的概念来划分。不过，因为传奇在唐代初期发展缓慢，合并诗的"初盛"期为初期，顺延下来，三个阶段的痕迹倒还明显。

1. 初盛探索期

当唐诗已经进入鼎盛之时，唐传奇还处于萌芽期。在志怪的基础上加大篇幅，便是早期传奇的主要倾向。这个时期传奇的探索性非常明显，其代表作是《古镜记》《补江总白猿传》《游仙窟》三篇。所谓代表作，也可以说是"硕果仅存"。三篇均显示出六朝志怪向传奇过渡的痕迹。

传奇的样式在武则天、玄宗时期逐渐形成，但总的特点还是"志怪性"的。传奇的成熟和繁荣，只有当作品摆脱志怪、直面现实人生时，才有可能到来，这就是中唐时期了。

2. 中唐繁荣期

传奇小说在中唐鼎盛，其标志是艺术形式趋于成熟的大批反映现实生活的作品问世。所谓反映现实，一是指直接取材于生活，有鲜明的时代感、深刻的现实意义；二是指虽假借神怪，但借古讽今，极具现实性。此时传奇数量之多、质量之高、反映社会生活面之广，都是空前的。

3. 晚唐衰微期

晚唐出现了大批小说集，从数量看，洋洋大观，如牛僧孺《玄怪录》、李复言《续玄怪录》、牛肃《纪闻》、薛用弱《集异记》、袁郊《甘泽谣》、裴铏《传奇》、皇甫枚《三水小牍》等，但从整体上看，则明显衰微。因为晚唐小说在艺术性上没有多大进步，而内容则回到神怪的老路，较有价值的作品集中在描写豪士侠客主题方面，如袁郊《红线传》、裴铏《聂隐娘》、杜光庭《虬髯客传》等。其原因也是盛极而衰。所谓"极"，指故事类型已经形成，诸如爱情、豪侠、冤狱公案，后人难免陈陈相因。不仅晚唐，宋明传奇小说也未有能超越唐传奇盛期的作品，原因同样如此。直到蒲松龄，其所创作的《聊斋志异》才突破传奇小说的题材范围及故事类型，让一批新的人物，如商人、小贩和农家等进入小说的领域，并使作品富于日常生活气息，从而使《聊斋志异》独树一帜、卓立千古。

三、宋元话本与拟话本

以听众为对象的说话、说唱艺术，至迟在唐代就已出现。宋、元时期，说话和说唱艺术日益繁盛，它们偏离了以"雅正"为旨归的诗文创作传统，演述古今故事、市井生活。内容的世俗化、语言的口语化，是其一大特点。它们的成熟与发展，推动着古代叙事文学逐步走向黄金时期。

"说话"的本义是口传故事。口传故事的传统，可远溯至上古神话传说时期。那时尚未产生文字，神话及传说只靠口耳相传。后来，人们以"话"代指口传的"故事"。隋代笑话集《启颜录》载，杨素手下散官侯白，以"能剧谈"而得到杨素的器重，杨素的儿子玄感曾对侯白说："侯秀才，可以（与）玄感说一个好话。" 这是目前所知关于"说话"的最早记录。唐郭湜《高力士外传》也提及"说话"："每日上皇与高公亲看扫除庭院，芟薙草木，或讲经、论议、说话，虽不近文律，终冀悦圣情。"可见唐代宫中已有"说话"活动，它是取悦皇帝的一种方式。至于宫中"说话"的内容，尚不得而知；不过，唐代民间"说话"，有讲三国故事的，有讲士子与妓女爱情故事的，其名目仍可见文献之中。

宋代的"说话"，上承唐代"说话"而来。又因城市经济的繁荣、瓦舍勾栏的设立、说话艺人的增多、市井听众的捧场，民间说话呈现出职业化与商业化的特点。当时的"说话"，有"四家"之说，名有门庭，自成路数。"四家"的名目，据宋耐得翁《都城纪胜·瓦舍众伎》载，是小说、说经、讲史、合声（生）。后一种以演出者的敏捷见长，如"指物题咏，应命辄成"之类，与以叙事取胜的前三类显然有别。小说，以讲烟粉、灵怪、传奇、公案等故事为主；说经，即演说佛书；讲史，则说前代兴废争战之事。可见，所谓说话的家数，是以故事题材作为划分标准的。

随着说话活动的日益兴盛，在书场中流播的故事也越来越多，而以口传故事为蓝本的文字记录本以及受说话体式影响而衍生的其他故事文本等也日见其多。后世统称其为"话本"。

"话本"的称谓，可能在唐代已经出现。今存宋元话本中常出现"话本说彻，且作散场"之类套语，可见"话本"含有故事文本之义。而套语的出现，也说明"话本"在一定程度上已经"格式化"。大体而言，传世宋元话本可分为三类：一是叙事粗略、文字粗糙的说话艺人的底本，如《三国志平话》等；二是以说话艺人口述故事为主要内容的记录整理本，文字通顺、描写细致、叙事周详，可能出自当时的读书人或书会先生之手，如《错斩崔宁》《碾玉观音》等；三是文人依据史书、野史笔记、文言小说等改编而成的通俗故事读本，如《宣和遗事》等。

宋元小说话本有一定的体制，其文本大体由入话（头回）、正话、结尾几个部分构成。入话是小说话本的开端部分，它有时以一首或若干首诗词"起兴"，说风景、道名胜，往往与故事的发生地点相联系，或与故事的主人公相关联；有时先以一首诗点出故事题旨，然后叙述一个与此题旨相关的小故事，其行话是"权做个'得胜头回'"，实则这个小故事与将要细述的故事有着某种类比关系。显然，入话的设置，乃是说话人为安稳入座听众、等候迟到者的一种特意安排，也含有引导听众领会"话意"的动机。正话，则是话本的主体，情节曲折、细节丰富、人物形象鲜明突出。正话之后，往往以一首诗总结故事主题，或以"话本说彻，权做散场"之类套话作结。

小说话本的题材内容，如宋罗烨《醉翁谈录·小说开辟》所言："有灵怪、烟粉、奇传、公案，兼朴刀、杆棒、妖术、神仙。"但若就旨趣而论，不管是何种题材，都往往以爱情或公案作为叙事的"兴奋点"。爱情故事，在当时很受欢迎，所以，艺人的素质着重表现在"烟粉奇传，素蕴胸次之间；风月须知，只在唇吻之上"。所谓烟粉、风月，是男女交往故事的代称。在礼法森严的封建时代，男女之间的"窃玉偷香"，是一种挑战礼法、追求自由的大胆行动，艺人们以此作为表演内容和体现水平的标志，恰好说明这个时代创作的趋向。

宋元小说话本中的爱情故事，又往往突出女性对爱情生活的主动追求。像《碾玉观音》中的璩秀秀，出身于贫寒的装裱匠家庭，美貌出众、聪明伶俐，更练就了一手好刺绣。无奈家境窘迫，其父以一纸"献状"，将她卖与咸安郡王。从此，正值豆蔻年华的秀秀，身入公侯之门，失去自由。其后郡王府失火，逃命之际，她遇见了年轻能干的碾玉匠崔宁。秀秀见他诚实可靠，便主动提出："何不今夜我和你先做夫妻？"而胆小怕事的崔宁却不敢应允。秀秀道："你知道不敢，我叫将起来，教坏了你。你却如何将我到家中？我明日府里去说！"秀秀素知崔宁的为人，这番话明显是要激发他的勇气，让他与自己一道挣脱束缚，寻求美好的生活。又如《闹樊楼多情周胜仙》，写周胜仙初见范二郎，便暗中喜欢，独自思量："若是我嫁得一个似这般子弟，可知好哩。今日当面挫（错）过，再来那里去讨？"为了抓住这难得的机缘，她敢想敢做，主动接近范二郎。显然，璩秀秀和周胜仙的行为，与"诗礼传家"的闺秀们大相径庭。作者对她们的肯定，实际上表现出平民百姓对封建传统的蔑视。

小说话本的另一突出内容是公案故事。宋元时代，官府昏庸、吏治腐败现象的日趋严重，是导致大量公案产生的主要原因。它反映出民众对不公平、不合理现象的关注，以及对生存权利、社会治安的深重忧虑。此外，《合同文字记》《三现身包龙图断冤》《简贴和尚》等篇，也从不同的侧面反映民间纠纷和社会矛盾，人们还可以从中见到当时的世态民情与社会风纪。

宋元小说话本描写细致、生动逼真，字里行间留存着说书艺人的风致，表现出叙事的口语化、声口的个性化、谈吐的市井化等特点。

明代的短篇白话小说在宋元话本小说的基础上有很大的发展，特别是在明代中后期，随着商业经济的活跃、思想的不断开放、印刷业的繁荣，白话短篇小说由编辑到创作，在从口头文学到书面文学的转化过程中成绩斐然。由于这些小说模仿宋元话本的体式格调，所以被称为"拟话本"。

"拟话本"以冯梦龙的"三言"和凌濛初的"二拍"为代表。

冯梦龙（1574—1646），字犹龙，别署龙子犹，长洲（今江苏苏州）人。他出身书香门第，少有才名，年轻时行止颇为风流。然科场蹭蹬，57岁时才选为贡生，崇祯年间做过几年福建寿宁知县。清兵渡江后，曾参与抗清活动，至南明政权相继覆亡，忧愤而死。

冯梦龙一生主要致力于从事通俗文学的研究、整理与创作，成就卓著，为古代文人中所罕见。他曾改编长篇小说《三遂平妖传》《新列国志》，推动书商购印《金瓶梅词话》，刊行民间歌曲集《挂枝儿》《山歌》，编印《笑府》《古今谈概》《情史类略》，编辑有散曲集《太霞新奏》，也曾写作传奇剧本，并刻印了《墨憨斋传奇定本》十种，而其最重要的成就是编著"三言"。"三言"即《喻世明言》（原称《古今小说》）、《警世通言》、《醒世恒言》，它们分别刊刻于天启元年（1621）前后、天启四年（1624）和天启七年（1627），各40种，共计120篇。

"三言"中小说有不同的来源，情况比较复杂。从现在能够推断的篇目来看，其中一小部分是经过程度不等的修改乃至改编的宋元话本，又收录了一些已有流传的明代话本，还有像《杜十娘怒沉百宝箱》这样主要是把文言的《负情侬传》改成白话文且变动不大的文章；而大多数篇目则是根据前代笔记小说、传奇、历史故事以及当时的社会传闻创作的。由于"三言"规模甚大，有些研究者推测此书的完成当有冯氏友人的参与，这有待进一步考证。

凌濛初（1580—1644），字玄房，别号即空观主人，浙江乌程（今吴兴）人。他18岁补廪膳生，和冯梦龙一样科场不利，不得已而转向著述。凌濛初55岁方任上海县丞，后因功擢徐州判官。除"二拍"外，他还有戏曲《虬髯翁》《红拂》以及其他类型的著作多种。

《拍案惊奇》（又称《初刻拍案惊奇》）撰成于天启七年（1627），共40卷、40篇；《二刻拍案惊奇》是因前书印行后受到普遍欢迎，应书商之请续作，完成于崇祯五年（1632）。依书前凌氏《小引》，应为"四十则"即小说40篇，与前书同。但今存最完整的明尚友堂刊本亦仅有39卷，书末附凌濛初所著《宋公明闹元宵》杂剧一卷；又第二十三卷与初刻第二十三卷相重，实有小说38篇。当时原书在流传中已有残缺，后由书商凑补成40卷的面目。

"二拍"中已不再有收录改编旧传话本之作，而完全是作者据野史笔记、文言小说和当时社会传闻所创作的。它对传统的陈腐观念的冲击与反抗、所表现的市民社会意识，要比"三言"更为强烈。

四、明清章回小说

章回小说是我国古典长篇小说的唯一形式，由宋元讲史话本发展而来。这种形式由萌芽到成熟经历了较长的发展过程。讲史说的是历代兴亡和战争的故事，如《全相平话五种》《五代史平话》《宣和遗事》等。讲史不能把一段历史有头有尾地一两次说完，必须连续讲若干次，每讲一次，就等于后来的一回。在每次讲说以前，要用题目向听众揭示主要内容，这就是章回小说回目的起源。从章回小说中经常出现的"话说"和"看官"等字样，也可以看出它和话本之间的继承关系。

经过宋元两代长期的孕育，元末明初出现了一批章回小说，如《三国志通俗演义》《残唐五代史演义》《平妖传》《水浒传》等。这些小说都是在民间长期流传，经说话和戏曲艺人补充内容，逐渐丰富，最后由作家加工改写而成的。它们比起讲史有很大的发展，其中人物和故事的核心虽是历史的，但更多内容是后人（包括作家）所创造的。它们的篇幅比讲史更长，主要是供读者阅览的，而且明确分为若干卷，每卷又分若干节，在每节前面有一个单句的目录，如"刘玄德斩寇立功"。

到了明朝中叶以后，章回小说的发展更加成熟，出现了《西游记》《金瓶梅》等作品。由于社会生活日益丰富，这些章回小说的故事情节更趋复杂，描写也更为细腻。它们在内容上和"讲史"已没有一定联系，只是在体裁上保持着"讲史"的痕迹。这时，章回小说已不分节，而明确地分为多少回，回目也由单句发展成为参差不齐的双句，最后成为工整的对句。

明清之际，中国的文学史上出现了大量的优秀的长篇章回小说，兹举其要者如下。

1. 《三国演义》

《三国演义》由罗贯中所著。罗贯中（约1330—约1400），汉族，名本，字贯中，号湖海散人。籍贯山西太原府，一说山西省祁县；一说山西省清徐县；一说钱塘或庐陵人。元末明初著名小说家、戏曲家。

《三国演义》描写的是从东汉末年到西晋初年之间近一百年的历史风云。全书描述了三国时代的政治军事斗争，反映了三国时代各类社会矛盾的渗透与转化，概括了这一时代的历史巨变，塑造了一批叱咤风云的英雄人物。

《三国演义》开创了历史小说的先河，代表着历史小说的较高成就。自此以后，文人纷纷效法。在中国文学史上，历史小说便蔚然成风。直到现在，中国几千年的历史，都已写成各种历史小说，无不是对罗贯中历史演义的继承和发展。

2. 《西游记》

《西游记》的写定者吴承恩（1500—1582），字汝忠，号射阳山人，淮安山阳（今江苏淮安）人。博学多才，幽默诙谐，在科场上却极不得意，中年以后才补为岁贡生，当了一个小官，不久后他就辞官归隐，以卖文为生。吴承恩对以前唐僧取经的故事进行了自己的改造，冲淡了故事原有的宗教色彩，丰富了故事的现实内容，并将思想的时代特征深深地印在了小说之中。

在小说中，孙悟空的艺术形象在故事结构中占据着核心地位，通过这个神话英雄，寄托了人们的生活理想。而且，正因为这是一部幻想性的神话小说，它比现实题材的小说能够更充分地反映出人们内心深处的欲望。从开头美猴王出世到大闹天宫失败，作者共用了七回的篇幅来集中描绘孙悟空的基本形象。他天生地长，学会了高强的本领，闯龙宫夺得如意金箍棒，又闹冥司一笔勾掉生死簿上的姓名。于是，他在花果山上自在称王，无拘无束、无法无天。这是人性摆脱一切束缚、彻底自由的状态，是神话中才能表现出来的人对于自由的幻想。但这种自由显然不现实，龙宫夺宝，触犯了四海龙王；阴司复生，违背了生死循环定律。玉皇大帝本想发兵剿灭孙悟空，但听了太白金星奏议，就招他上天做弼马温。他一开始恪尽职守，但听说这只是个未入流的马夫时，不由得怒火中烧，打出天宫，回花果山做了"齐天大圣"。玉皇大帝发兵征剿失败，只好认可他自封的尊衔，于是他又在天宫里快活。等他察觉这只不过是个有名无实的骗局后，便搅散蟠桃会，偷吃金丹，回到花果山。

这些情节形象地反映了人们与生俱来的渴求：在已有的秩序中为自己找一个应

该的位置。自由和固有的秩序再次发生碰撞，结果是作为个人的孙悟空败给了以玉皇大帝、西天如来、东海观音、太上老君为代表的天宫的整体力量。可以说，彻底自由的生活欲望和个人尊严的充分满足，反抗一切压制，这在现实环境中是无法实现也不可能实现的，但却是人性中最根本的要求，只要社会思想较为开放，它便会自然而然地显露出来。《西游记》的前七回，正是以神话形式满足了人们内在心理中这种不尽合理却根深蒂固的向往。当然，人性的实际处境使小说不可能始终在这一方向上发展。孙悟空的失败，从原型的角度宣告这种奋斗的绝望，即自由的人性不可能不受到现实力量的制约。

3. 《水浒传》

《水浒传》是我国第一部章回体长篇古典小说，是元末明初的著名小说家施耐庵根据民间关于宋江起义的传闻而写成的。小说主要描写了在北宋徽宗时期，天下瘟疫流行，再加上朝廷政治黑暗，于是在山东梁山泊聚集起以宋江为首的108位好汉。他们齐集在忠义堂，打着"替天行道"的义旗，一路上打州劫府，实现着他们济贫扶困的伟大抱负。这给北宋政府以致命的打击，严重地动摇了它的统治基础。于是，北宋政权对梁山好汉实施了打压政策，最后宋江带领众人接受了招安。

《水浒传》能够被称为我国文学史上的"四大名著"之一，不仅是因为它思想内容丰富，也是由于它艺术手法娴熟。《水浒传》继承且发展了我国古代现实主义和浪漫主义的写作传统，而且巧妙地将二者结合在了一起。

4. 《红楼梦》

《红楼梦》由曹雪芹所著。曹雪芹，名霑，字梦阮，"雪芹"是他的别号，又号芹圃、芹溪。他约生于康熙五十四年（1715），卒于乾隆二十七年（1762）除夕或次年除夕。曹家祖上本是汉人，约于明永乐年间迁到辽东，后被编入满洲正白旗。清初时，他的高祖曹振彦随清兵入关，立有军功，曹家由此成为专为宫廷服务的内务府人员，家族开始兴盛起来。他的曾祖曹玺的妻子做过康熙的乳母，而祖父则是康熙的伴读。

《红楼梦》以爱情故事为中心线索，在贾府这一世代富贵之家从繁盛到衰败的过程中，写出了以贾宝玉和一群"红楼女子"为中心的许多人物的悲剧命运，反映了具有一定觉醒意识的青年男女在封建体制和封建家族的遏制下的历史宿命。这里面包含了曹雪芹自身的家族和个人背景，以及他对人生的认识。

《红楼梦》是一部具有历史深度和社会批判意义的爱情小说。它颠覆了封建时代的价值观念，把人的情感生活的满足放到了最高的地位上，用受社会污染较少、较富于人性之美的青年女性来否定作为社会中坚力量的士大夫阶层，从而表现出对自由的生活的渴望。进而，它也前所未有地描绘出美丽聪慧、活泼动人的女性群像。虽然《红楼梦》始终笼罩着一种宿命的伤感和悲凉，但也始终未曾放弃对美的理想的追求。在引导人性毁弃丑恶、趋向完美的意义上，它有着不朽的价值。

5.《儒林外史》

《儒林外史》由吴敬梓著。吴敬梓（1701—1754），字敏轩，晚年自号文木老人，安徽全椒人。他家自其曾祖起一直科第不绝，官也做得相当发达，有过50年"家门鼎盛"（吴敬梓《移家赋》）的时期，但到了他父亲时家族已经衰败。他少年时代生活还颇优裕，随父亲受到了良好的教育。这种教育并不局限于八股文训练，还涉及经史、诗赋。《儒林外史》全书五十六章，由许多个生动的故事联起来，而这些故事都是以真人真事为原型改编的。全书的中心内容，就是抨击僵化的考试制度和由此带来的严重社会问题。

《儒林外史》作于吴敬梓40~50岁时，这正是他经历了家境的剧变而深悉世事人情的时期。《儒林外史》是我国古代讽刺文学的典范，吴敬梓对生活在封建末世和科举制度下的封建文人群像的成功塑造，以及对吃人的科举、礼教和腐败事态的生动描绘，使他成为我国文学史上批判现实主义的杰出作家之一。《儒林外史》不仅直接影响了近代谴责小说，而且对现代讽刺文学创作也有深刻的启发。现在，《儒林外史》已经被译成英、法、德、俄、日等多种文字，成为一部世界性的文学名著。有的外国学者认为，这是一部讽刺迂腐与卖弄的作品，可称为世界上一部最不引经据典、最有诗意的散文叙述体之典范。《儒林外史》可与意大利薄伽丘、西班牙塞万提斯、法国巴尔扎克等人的作品相媲美。

第二篇　艺术中的国学

第六章 国学与音乐

第一节 礼乐同源

中国礼乐起源于上古先民的日常劳动与生活的各个层面，是人类生存智慧的体现。礼乐同源，二者之间既交融互补又维持着固有的张力。至春秋战国时期，礼乐的发展出现重要突破，由对生存智慧的总结与抽象转向对人文理性的关注。先秦诸子对三代礼乐传统的理论诠释与重构，是为解决当时人类生存与发展问题而在社会文化思想层面作出的努力，在这一过程中，礼乐被赋予可贵的人文理性及充分的哲学伦理内涵。"中和"理念源于古老的礼乐，"中""和"的字形、字义的演化及礼学中关于"中和"的认识，也体现出礼乐从以生存智慧为价值主体转向高扬人文理性的哲学演进路径。"中和"作为礼乐哲学与伦理内涵的一个符号象征，也因此构成了华夏礼乐文明的核心精神，为礼乐文化的发展提供了"与时偕行"的旺盛的生命能量。

一、礼乐的起源及相互关系

礼乐的起源及相互关系问题是我国历代思想家们所关注的重点。特别是自近代开始，我国学术界有关礼乐起源问题的讨论尤为激烈，成果颇丰。但是，众说纷纭，迄今尚无定论。

近代以来，关于礼（制）的起源问题较为典型的看法有：祭祀说、巫术说、"俗"说、"原始礼仪"说、人情和历史说、"分别"说、"保特拉吃"（potlatch，夸富宴）社会制度说、父权制说、阶级压迫说、生产和生活说、多元说等。

原始社会中的"礼"是对于上古人类在社会生活中所通行的各种生存智慧的积累与提炼，其产生的根本动力源于人类最基本的生存与发展的需要，是自然界适者生存的进化规律下的必然结果。如"祭祀说"与"巫术说"认为，原始宗教祭祀和巫术活动的各种乐舞与仪式即礼的初始表现，表面上看来，这种原初的"礼"正是一种"使神人快乐"的把戏。但是，由于上古时期社会生产力的极度落后，人类在面对大自然时常会感觉无力与无助，因此娱神的真正目的其实很明确：讨好神灵、求得护佑，从而换取更好的生存发展的机会和环境。当然，这只是生存法则的一种。而不管是"俗""原始礼仪"，还是"定型化了的某些生活方式"，都只是上古人类在日常生产与生活中日积月累、代代相传的经验与智慧的结晶，由此形成的"礼"，显然是从生存法则提炼而来。因此，我们认为，"礼"作为一种涵盖了政治、经济、哲学、伦理等人类社会生活形而上与形而下各个层面的，内容宏富而影响深广的传统文化元素，源于生活又高于生活，是对先民们各种生存法则的提炼、总结与抽象，是社会进化规律下人类生存智慧的完美体现。

"礼乐"之"乐"与我们今天所说的音乐相比，其根本区别在于：前者主要强调对于个体道德情感的培养和"移风易俗"的社会教化功能，具有强烈的伦理属性；而后者更加注重的是艺术形式与艺术感染力的问题。另外，在内容上两者也有较大的不同："礼乐"之"乐"，通常包括了"诗""乐""舞"三个方面，在《礼记·乐记》中，又有"声""音""乐"的层级差异；我们今天所说的音乐，则大致相当于第二个层次——"音"。但是，有一点不可否认，音乐乃"乐"最基本的内容和形式载体。因此，我们要讨论"乐"的起源，仍然必须从音乐的产生开始。

对于音乐的起源，中外学术界早已是众说纷纭，比较典型的有"情感说""模仿说""性爱说""劳动说""巫术说""游戏说""多元说"等。

多数人认可的观点，是音乐最早起源于人类生产与生活的各个方面，主要是出于人类情感表达和交流的需要；追根究底，则还是出于人类求取有效生存与发展的本能。事实上，《礼记·乐记》中早就有了明确的阐述："凡音之起，由人心生也。人心之动，物使之然也。感于物而动，故形于声。声相应，故生变；变成方，谓之音。比音而乐之，及干戚羽旄，谓之乐。"作者将"乐"分成了三个等次："声"—"音"—"乐"。最低层次，也是最基础的，乃人的声音，即"声"，"声"源于人心对于外在事物刺激的自然情感反应；而"声成文，谓之音"，是人类由情绪波动所发出的声音，在日常生产与生活的交流中相互应和，随着表情达意内容的变化，遂逐步产生了节奏韵律，是为"音"，乃第二层次；"乐者，音之所由生也"，"乐"由"音"而来，为最上一层。从表现形式上来看，它比"音"要复杂得多，而最根本的区别则在于"乐者，通伦理者也"。由"乐"所具有的道德属性，才被认可为最高层次，其所代表的已是一种文化理想，超出了音乐本身。但尽管如此，它却仍是"由人心生"，情感表达乃其最基本的功能。

从历史起源来看，"乐"在求取更有效生存与发展的本源性上与"礼"是一致的。礼乐同源，这是二者能够自始至终融为一体的基础。而从社会功能来看，尽管随着时代的发展，礼乐有了日益细密的分工，但始终都是彼此依赖、互为补充的。古人于此早有清楚的解析。在《论语》中，孔子就多次礼乐并举，之后的儒家经典对礼乐关系的阐述则更完整，如《荀子》和《礼记》。主要内容有以下两方面。

1. 礼乐之别

礼乐有着本源性的一致，然而在人的认知活动中，其产生仍有内外之别。《礼记·乐记》就说："乐由中出，礼自外作。""中"指的是人的内心情感，"外"则是指创建良好生存环境和秩序的社会需要。由此，二者在社会功能上也就有了一定差异。如荀子说："乐行而志清，礼修而行成。"从中我们就可以看出，"乐"着重于心志的疏导与调和，"礼"强调行为的规范和引导。

2. 由区别而致互补

荀子指出："乐也者，和之不可变者也；礼也者，理之不可易者也。乐合同，礼别异。礼乐之统，管乎人心矣。"根据荀子的礼治精神，这段话大致可以理解为："乐"主要是对民众心理与情感起调和抚慰的作用，尤其是针对社会阶层分化所可能引起的被统治阶级的各种抵触甚至反抗情绪，"乐"的作用更是至关重要；"礼"的任务则在于制定和明确社会的各种层级结构，并确保这一结构内部的公平与公正，以维持社会的基本稳定。"礼乐之统"本是基于一种人文关怀而提出的关照"人心"之举，但在这里显然它又已经超越了人文关怀，成了社会与政治的根本需要，体现出了人文理性的高度自觉。故而《汉书·礼乐志》说："六经之道同归，礼乐之用为急……乐以治内而为同，礼以修外而为异……二者并行，合为一体。"南宋真德秀也评价曰："礼乐之不可缺一，如阴阳之不可偏胜……礼中有乐，乐中有礼。"

从礼的形式上看，"乐"是"礼"的构成部分，在盛大的礼仪活动里，"乐"往往是"礼意"的主要表达方式之一。而在"乐"的实践过程中，"礼"也无处不在，时刻都在规范着"乐"的表现方式。如周礼规定，祭祀时的乐舞天子用八佾，诸侯六佾，大夫四佾，士为二佾。所以，孔子对身为鲁国大夫的季氏"八佾舞于庭"的僭礼行为就表现出了极大的愤慨。可见礼乐之间既相互依赖又有着内在的牵制，实质上是保持着一种若即若离的动态平衡关系。《礼记·乐记》指出"乐胜则流，礼胜则离"，强调礼乐不可偏胜，就说明了这一点。

总之，礼乐同源，功能有别而旨趣同归，在水乳交融之中维持着固有的张力。这样一种关系中所呈现出来的生存智慧与人文理性，正是礼乐与礼乐文明能够保持数千年旺盛生命力的原因之一。

二、礼乐的人文升华

从中国历史传说中的"三皇五帝"到西周末期，华夏子孙已完成从原始人向自然属性与社会属性兼备的"文明人"的过渡，华夏文明也经历了萌芽、发展与成型的过程。具体表现为：一方面，在意识形态上，古代文明正是一种不断发展的巫神类型的原始礼乐文明，它由世界混沌、万物有灵、人人为巫通神的原始状态经过漫长的历史演进，最终发展为"绝天地通"、神灵世界与氏族贵族相结合的成熟的巫文化系统。主要体现就是在社会生活的各个领域中对天命、鬼神、占卜祭祀的极度尊崇和迷信，殷商是其中最具代表性的时期。这一时期社会文化的总体特征是，氏族社会的层级结构逐渐明朗清晰，礼乐实践中"人"的主体意识也开始慢慢觉醒。特别是到了西周，周公为了给以周代殷这一极大"僭礼"行为在社会意识形态上确立合法性，在夏、商以来天命神权的宗教观念中"援德入礼"，融入了"以德配天""敬德保民""克明德慎罚"的民本与德治精神，使人们于"我命在天"的思想背景下逐渐有了"人"的主体能动意识，天命、鬼神等观念也由此而得到了进一步的伦理化。另一方面，随着国家形制的正式确立，从生存智慧提炼而来的礼乐为了有效维持国家的运转和发展，也被相应系统化、规范化、制度化，由统治者借助政教合一的强力措施推行于天下。因此，到了有史可证的第一个王朝——夏，礼也就从比较原始散乱的形态上升到了制度化的形式，构成了史官之学的主要内容。孔子说："殷因于夏礼，所损益，可知也；周因于殷礼，所损益，可知也。其或继周者，虽百世，可知也。"从夏、商到周公的"制礼作乐"，中间经历了千年时间的因革损益，礼乐已是"郁郁乎文哉"，粲然大备了。但宗教祭祀仍是其主要社会功能，有着人类文明在其蒙昧阶段的基本特征。

而到了东周，即进入了一个动荡多变却又思想家辈出的时代，礼乐从史前社会逐步产生，经过漫长的历史发展，此时也随之步入了其发展史上的第一个巅峰期。这个时代的礼乐，首先面临的却恰恰是所谓"礼坏乐崩"的局面，先秦诸子不得不重新认识和调整传统的礼乐观念，并在这个过程中对之进行新的诠释。先秦诸子关于礼乐的理论重构，总体来说均是为有效解决当时的人类生存与发展问题而在社会思想文化层面所作出的努力，是对人类社会早期生存智慧的人文升华，并由此奠定了中国传统文化与哲学的坚实基础，确立了其独立于世界民族文化之林的特质。而这一过程的主要特征，便是中国式人文理性精神的极度张扬与放大。

1. 先秦儒家对传统礼乐的人文升华

"儒家者流，盖出于司徒之官"，儒家思想本出于王官之学，其礼乐思想乃是三代礼乐的官方"正统"，故而孔子信誓旦旦地喊出"吾从周"的口号。而儒家对于传统礼乐的发展，主要是对礼乐内在精神实质的儒学式发掘与定位。孔子说："礼云礼云，玉帛云乎哉；乐云乐云，钟鼓云乎哉？"他认为礼乐的实践重要的不是外在的形式，而是礼乐的内在哲学与伦理依据。所以，他指出："人而不仁，如礼何？人而不仁，如乐何？"将"仁"这一内在道德心性规定为礼乐的本质，对古代生存智慧作出了极重要的伦理文化层面的升华。而"仁者，人也"，"仁"的本质规定即是对"人"的生命与价值的充分体现和关怀，所以孔子极力主张"仁者爱人"，其"始作俑者，其无后乎？"一句，对早期葬礼中殉葬制度的厉声斥骂，更是将其人文理性精神展露无遗。同时，孔子亦"不语怪、力、乱、神"，强调"务民之义，敬鬼神而远之，可谓'知'矣"。他不轻言鬼神，要求在礼乐教化与国家治理中对之保持"敬而远之"的态度。在回答子路所问如何伺候鬼神时，孔子更是明确指出："未能事人，焉能事鬼？"强调人事远重于鬼神。虽说他并没有否定鬼神的存在，但至少是在高度肯定"人"的价值与意义的前提下，以一种中庸的方式对礼乐传统之"巫风"作了一番扬弃。

孔子强调"畏天命"，尽管要求对"鬼神""远之"，但也仍坚持敬畏，其礼乐思想里显然还是有着三代礼乐传统的些许遗风。然而到了孟子的时代，"敬"的实践对象就在很大程度上由主要是天帝、鬼神转向了现实生活中的具体的人，人的主体地位得到了极大提高。于是，经过一番哲学与伦理的诠释和改造之后，儒家礼乐思想的主旨就出现了一个从以传统生存智慧为主到以人文理性为主的嬗变与升华。

2. 先秦墨家对传统礼乐的人文升华

墨家则始终是以儒学的反对者形象出现的，他们针对儒家所宣扬的礼乐进行了较为集中的批判。墨子以利他、利天下为真正的仁义，他说："仁人之所以为事者，必兴天下之利，除去天下之害，以此为事者也。"而儒家"繁饰礼乐以淫人，久丧伪哀以谩亲……"，其礼乐不仅于事无补，反而有悖于真正的仁义精神。所以，墨子就坚决反对儒礼"亲疏有别、贵贱有等"的宗法性等级观念，强调"兼爱""尚同"与"尚贤"，也反对儒家的"厚葬""久丧"，要求"节用""节葬"，凡事以简朴实用为上："利人乎，即为；不利人乎，即止。"同时，墨子对儒家的"乐"也颇不以为然，但他之所以主张"非乐"，并非是否认"乐"所带给人的片刻感官享受，只是因为"乐""上考之不中圣王之事，下度之不中万民之利"。他从周成王、武王、成汤往上追溯到尧舜，发现年代越晚的统治者作"乐"越繁，而政绩却越差，于是指出："故其乐逾繁者，其治逾寡。自此观之，乐非所以治天下也。"因此，《淮南子》形容墨子道："墨子学儒者之业，受孔子之术，以为其礼烦扰而不说，厚葬靡财而贫民，服伤生而害事，故背周道而用夏政。"

墨子"背周道而用夏政"，对简朴实用的生活法则十分推崇，正说明他的礼乐价值观念中有着回归传统生存智慧的倾向。余英时先生就曾说："至于就礼乐传统而言，墨子大致是宁取早先之简朴而舍其后来之繁缛的。"然而，在对待鬼神的态度上，墨子虽然也重"天志"，讲"鬼神之明"，他所要建立的却是一种"新宗教"，"这种宗教是以古代模式为基础，但是要消除掉其中'巫'的成分"。可见，墨子对传统礼乐之巫文化属性也是努力要祛除的。墨家的这种"新宗教"，乃是他们为了替代儒家礼乐所力图重构起来的一套新的社会规约力量，是墨家对三代礼乐传统的改造与升华。它最基本的特点，就在于对人类生存与发展的当下有效性的关注，而在实践中墨家去"巫"的努力，又使我们看到了其礼乐思想里充满实用主义色彩的可贵的人文理性。

3. 先秦道家对传统礼乐的人文升华

老、庄则罕言鬼神。《道德经》第六十章说："以道莅天下，其鬼不神；非其鬼不神，其神不伤人；非其神不伤人，圣人亦不伤人。夫两不相伤，故德交归焉。"老子认为，以"道"治理天下，鬼怪、神祇和所谓的"圣人"都将与人无涉，所以都能够相安无事。有学者就指出，这是老子"道法自然"的思想在治国为政方面的发挥，是其"无神论倾向的一个方面"。庄子虽不直接否定鬼神的存在，但也很少提及，其阐述较多的"神人"等概念则是道家对理想人格境界的描述，已基本散失了原始宗教的特性。因而道家对三代礼乐传统之"巫风"的否定比墨家要更彻底，并且认为"道之不行"主要就是由于仁义礼乐思想的产生与泛滥。如《道德经》第三十八章道："故失道而后德，失德而后仁，失仁而后义，失义而后礼，失礼者，忠信之薄而乱之首也。"庄子更是直接批评"礼"是"道之华而乱之首也"，将仁义礼乐视为"至德之世"的破坏者。但他们又并非绝对地否定礼乐，只是强调"道"才是礼乐之"真意"。如《庄子·庚桑楚》说："至礼有不人。"此即认为礼的最高境界的呈现恰是"人我合一、物我两忘"的状态。《庄子·渔父》则批评儒家遵奉的如丧葬等礼仪中的繁文缛节乃"世俗之所为"，要求"处丧以哀，无问其礼"，任情而越礼，故而道家人士孟子反、子琴张面对死去的朋友子桑户才"临尸而歌"，庄子在其妻死时亦"鼓盆而歌"。

同时，道家也以"道"释"乐"，认为儒家所盛赞的"钟鼓之音，羽旄之容"等人为造作之"乐"乃"乐之末"；真正的"乐"当是源于自然、不需人力发动的"天籁"之音："夫（天籁者）吹万不同，而使其自己也，咸其自取，怒者其谁耶？"因此，在礼乐实践中他们往往关注的只是行为主体的内在情感体验以及对生命的感悟，而不屑受世俗礼节的束缚。

礼乐的初始，不过是源于人类进化过程中的生存智慧，只是随着人类文明的发展，礼乐逐渐繁冗细杂，不仅偏离了关乎生存的本旨，而且在道家看来，还是引起人类精神迷失、社会堕落的根源。故而道家对三代及先秦儒家礼乐的批判与升华，仍然是希望通过重新阐释和界定礼乐的本旨，为人类设计理想的精神家园，其中就充分展现出了他们贯彻始终的对人的主体价值的终极关怀和浪漫主义的人文理性。

第二节　孔子与音乐

孔子不仅是伟大的思想家、教育家，也是一位杰出的音乐家。作为儒家学派的创始人，孔子是中国音乐、文化史的重要代表人物之一。他一生好学不倦，不仅精通多种乐器，还懂得作曲。孔子是一位艺术家，他深深地喜欢音乐，而且有极高的音乐鉴赏力。作为教育家，他常常以音乐培养学生，强调音乐在教育中的作用；作为思想家，也常常论及音乐为治国平天下从而提出"礼乐"思想。把"中和"视为衡量音乐的最高准则及音乐的最高境界。这也奠定了儒家音乐思想的基础。

一、孔子的音乐教育思想

春秋战国时期有不少思想家阐述了对音乐美学问题的见解，其中对后世影响最大的是孔子和荀子。孔子爱好音乐，学习音乐，且也注重音乐教育，他开设了六门课程（六艺）：礼、乐、射、御、书、数，音乐占第二位。所谓"兴于诗，立于礼，成于乐"，就是说一个人的修养从诗开始，完善于乐，可见他对音乐的重视。他将音乐教育融入美学教育，可说是我国最早提倡和实施"美育"的人。

孔子认为，音乐在教育中有着极为重要的作用，一个人全面发展，不仅需要智慧、勇敢，而且必须"文之以礼乐"。所以，他说："兴于诗，立于礼，成于乐。"（《论语·泰伯》）他认为，音乐是人生修养的最后完成阶段。可以说，到了孔子，才有了对音乐最高艺术价值的自觉，而在最高艺术价值的自觉中，建立了"为人生而艺术"的典型。

孔子的音乐美学思想主张代表艺术范畴的"美"和代表道德范畴的"善"的结合，他的这个"美善统一"的审美主张成为儒家音乐审美的重要标准。"美"与"善"的和谐统一，才是孔子对艺术的基本规定和要求。他把"美"和"善"这两者作为音乐审美的两大原则，具有历史独创性。孔子所谓的"尽善"是对"仁"的精神而言，而他之所以要特别重视乐，也许正因为"仁"中有乐、乐中有"仁"的缘故。他认为，道德精神的最高境界即是"仁"的精神状态，艺术境界与道德境界是可以相融合的。

孔子喜欢鼓舞人们健康向上的音乐。他在周游列国时，在齐国听到老百姓演奏"韶"乐，激动得竟废寝忘食，"三月不知肉味"，并回："不图为乐之至于斯也。"意思是说，没想到《韶》乐竟达到如此高的水平啊！他称赞《韶》乐"尽美矣，又尽善也"。意思是说《韶》乐既有美的形式（曲调），又有美的内容（《韶》乐是反映舜帝治理天下之功德），对《韶》乐推崇备至。

孔子极不喜欢"郑声"（郑国的民歌，内容多反映男女情爱，过于直露），他认为"郑声淫"，容易刺激人的欲望，煽动欲火，于社会风气不利。孔子竭力主张音乐应当"歌者直己而陈德"，既要有优美的曲调，又要有健康的道德内容、鼓舞人们积极向上的进取精神。靡靡之音只能销蚀人们的意志、腐蚀人们的灵魂，使人堕入恶俗。

孔子说音乐可以"移风易俗""以善民心""故不能无乐"，认为音乐有助于政治上的教化，更进一步地认为，音乐可以提升人的道德修养，达到人格的更高境界。孔子所传承、发展的"为人生而艺术"，绝不曾否定作为艺术本性的美，而是要求美与善的统一。艺术是获得人生修养的重要手段之一，而艺术最高境界的达到，有待于自身人格的不断完善，二者可谓相辅相成。

其思想的内核仍是儒家的一套伦理道德理论，其以音乐为出发点，为治国平天下提出一套较为系统的有创见的儒家学派的音乐美学思想，对中国传统音乐的发展有重大而深远的影响。他的门徒子游担任武城主官，实践了老师"弦歌而治"的理想。孔子到武城，闻弦歌之声，莞尔而笑，曰："杀鸡焉用牛刀？"子游回答，我以前听您说过，对于琴乐，做官的学习了，就会有仁爱之心，百姓学习了，就容易听指挥。孔子赶快表示同意子游的话，表示自己"杀鸡焉用牛刀"的话只是玩笑话（《论语·阳货》）。

我国的音乐美学思想产生得很早，可追溯到两千八百年前的西周。在战国时期，诸子百家争鸣，人们对"美"的认识和审美意识也在逐渐深化。孔子在美学方面的最大贡献就在于他以"美善合一"的主张奠定了儒家的音乐美学思想。

二、孔子的音乐老师

孔子 29 岁时向师襄学琴。据《韩诗外传》记载：孔子访问卫国时，遇到旧友师襄。师襄是著名琴师，当时正在卫国宫中，于是，孔子便向他学琴。

一首曲子，孔子弹了许多天。师襄有一天便说："行了，可以换一首新的了。"孔子说："我只学会了音的弹奏，还没有掌握好音乐的表现。"又继续练习。过了一阵子，师襄觉得可以了，又说道："你已经掌握好乐曲的表现了，可以学另外一首新的了。"孔子说："我还没体会到作者是一个什么样的人。"

又过了些时候，孔子露出凝重的沉思状，远远地望着远方，然后说道："我已经领会写这首曲的人是一个什么样的人物了。这个人面容黑黝黝的，是高个子，目光远大，他好像怀有治理国家之念，这除了周文王还会有谁呢？"因为师襄从未告诉孔子这首曲名，听了孔子的话，他马上很尊敬地对孔子说："当年教我这首曲子的老师就说了，这首曲子叫《周文王》。"

孔子讲究在学习中循序渐进，由曲调到演奏技巧，由技巧到曲子的志趣神韵，由志趣神韵进而体会作曲者的人格风貌。孔子对音乐的学习，是要由技术以深入到技术后面的精神，更进而要把握到此精神具有者的具体人格，这正可以看出一个伟大艺术家的艺术活动过程。

三、孔子的音乐造诣

孔子善于用音乐来调节情绪，抒发心情。据史书记载，"孔子无一日不歌"。孔子一生之中，除非哪天特别悲伤，差不多每天都要弹琴唱歌，即使被困在陈、蔡之野，仍在弹琴唱歌。

孔子本人对音乐有很深的研究，亲自编订了《乐经》，惜已失传。他还经常和当时的音乐大师们探讨乐理。《孔子家语·困誓》说孔子晚年周游列国，曾遭厄于陈、蔡之间，绝粮七日，弟子馁病。但孔子依然弦歌不停。子路入见和他说话，"孔子弗应"，非等曲终才开口。每当听到别人唱优雅的歌曲时，他必定请人再唱一遍，自己跟着学。《论语》记载："子与人歌而善，必使反之，而后和之。"

孔子还善抚琴，他在弹琴时，"神情庄重，四体通泰，目光远大，壮志凌云"。孔子在咏歌击磬时，能将自己的精神与磬声融合在一起，达到"物我两忘，物我同一"的境界，可见孔子的音乐修养是很高的。孔子正是这样通过音乐达到放松精神、养生延年的目的。

直到临死前七天，孔子还流着泪对子贡唱了一首："泰山坏乎？梁柱摧乎？哲人萎乎？"（哲人是指孔子自己，泰山、梁柱作烘托哲人，哲人也就是智慧之人。）孔子一生弹琴歌唱，至于其技艺如何，史籍并无记载，对于他能否作曲，后世看法不一。

据《史记·孔子世家》，孔子自己曾创作过琴曲《诹操》，以哀悼被赵简子杀害的两名贤大夫。现存琴曲《龟山操》《将归操》及《猗兰操》等传谱的解题中都说是他的作品。孔子晚年时，整理诗歌三百篇，使之能上管弦（能谱上乐曲演唱），使其大众化，易于在群众中推广和流传。

孔子死后多年，他用过的琴及衣冠车书，仍存放于其曲阜故所居堂改设成的祭庙中，受包括司马迁在内的汉代君臣民众的谒拜祭奠。孔子及其弟子的身体力行，给后世文人士大夫树立了榜样，有力地推进了琴乐的普及和传承。

第三节　中国传统音乐

一、中国传统音乐的审美特征

中国传统音乐源远流长，其审美特征经过多年锤炼自成一家，在世界音乐史上占有一席之地。中国古代哲人所追求的"天人合一"宇宙观，对中国传统音乐艺术的创作思想和审美心理产生了广泛而深远的影响。中国传统音乐的深邃则是指音乐思维中所表现出的体验和领悟，是就音乐的意境而言；中国传统音乐追求幽婉、深邃、含蓄、淡泊，是建立在心理感受之上的艺术。"韵"是中国传统音乐的灵魂，是中国传统音乐独有的审美取向。

1. 中和之美

传统音乐艺术的"中和"之美是自然和谐的"中和"。"中和"就是融和、平和、调和、协和、和谐、和顺、和睦、和悦、和婉、和衷、和善等。音乐的"中和"是儒家中庸之道的一种体现，是音乐与自然、音乐与社会以及音乐自身内部的和谐统一。

所谓"八音克谐，无相夺伦，神人以和"，"乐者，天地之和也"。受民族观念和传统哲学思想的影响，中国传统音乐在审美价值取向上历来追求一种"中和"之道。无论是宫廷音乐、文人音乐，还是民间音乐、宗教音乐；无论是思想、形态，还是艺术技巧和乐器，中国传统音乐都传达着一种"中和"之美。孔子认为理想的美是自然之美、朴素之美、含蓄之美，是人与自然的交融。传统音乐讲究天人感应，既崇尚外部自然，又重视内心体验，其结果就是造成了传统音乐的一种"山水情结"。尽管音乐有其功利性，但寄情于山水、逍遥于江湖是音乐家根深蒂固的一种心理和追求。山水意境在传统音乐中广泛存在，它是意境与音乐的结合，是美与善的有机融合。这种融合使乐中有画，画中有乐，并使人的精神在其中融会贯通。倾听《高山流水》，可以感觉"清清冷冷，松根之细流也；浩浩洋洋，江海之长流也"，曲中既有宏大的气势，又有涓涓细流的抒情，既能通过山水表达自然美，又能透过自然美反映思想的震荡和胸怀的抱负。天、地、人在"和"中得到统一。这就是人与自然的沟通之乐，人与自然的和谐之美。在阳光下，在清风里，在水波荡漾、云影飘忽的音乐中，我们不仅看到了自然的音乐创造，更看到了人与自然的一种亲和关系。从技术的角度，我们还会发现，中国传统音乐常常运用散节拍或趋向于散的节拍，如唐大曲的节奏与人的脉搏趋向一致，而且这种结构使乐曲留有一定的空白，引人遐思，从而创造出一种"精神家园"的氛围，带给人宁静、平和的心绪，带人走向天、地、人合一的心理状态。传统音乐的"中和"是"乐在人和"的"中和"。传统音乐认为，音乐从功能上看，一是愉悦感官、调整情绪、震撼心灵、调和人心、塑造人格，使人与人之间的关系达到协调和平。像宋代欧阳修所说："七情不能自节，待乐而节之；至性不能自和，待乐而和之。"二是音乐以其感人至深的魅力，教化人心、移风易俗，最终达到"人和"的境界。

"中和"的音乐思想注重人与自然、社会的整体和谐，注重陶冶人的平和中正的内在本质，成为两千多年来传统音乐追求尽善尽美的至高境界。尽管许多人曾对这一思想提出质疑，尽管这思想在某些方面也制约了现代音乐的发展，但直到今天，"中和"音乐思想依然有其生命力，从"中和"的角度探讨音乐美、创造音乐美，依然有很大的艺术空间和现实意义。

2. 意境之美

音乐的弦外之音，就是音乐的意境。不过这意境紧紧地联系着审美主体的心境。音乐的意境追求，就是将音乐的审美想象回归到心造的自然景物、世态万象或山川风光中去，二度体验为人性升华了的自然。

人心每与造物相通，心与物冥合。中国的琴曲，追求"静""清""远"……静到极点即与杳渺之境相通，以至出有入无，神游于理想的境界，淡乎若深渊之静，泛乎若不系之舟。人此时的审美心境，似被乐音点燃的沉香木，若雾的袅袅青烟散入空中淡化无踪；又似被热情冲沏的绿茶，冲掉的是杂质，泻出的是清秀。内发深邃的情怀，外发清澈的光辉。澄然若秋潭，皎然若寒月，恣然若山涛，幽然若峡谷回音。或时为岑寂，若游峨嵋之雪；时为流逝，若在洞庭之波。虽弹琴于斗室，又仿佛置身于深山邃谷，老木寒泉，簌簌风声之中，使人有遗世独立之意。松之风、竹之雨、涧之滴、波之涛，绿岩白石，如皓月疏风一样悠然自得，能使听者神思缥缈。

二、中国传统音乐文化赏析

1.《高山流水》

"高山流水"典故最早见于《列子·汤问》。在人们的用典实践中，这一典故逐渐发展出七十余个典故和乐曲高妙、相知可贵、知音难觅、痛失知音、闲适情趣等典义，还存在典故反用现象。

《高山流水》，中国古琴曲，属于中国十大古曲之一。传说先秦的琴师伯牙一次在荒山野地弹琴，樵夫钟子期竟能领会这是描绘"峨峨兮若泰山"和"洋洋兮若江河"。伯牙惊道："善哉，子之心而与吾心同。"钟子期死后，伯牙痛失知音，摔琴绝弦，终身不弹，故有高山流水之曲。

"高山流水"比喻知己或知音，也比喻乐曲高妙。后世分为《高山》《流水》二曲；另有同名筝曲《高山流水》，与古琴曲无传承关系。

"巍巍乎志在高山，洋洋乎志在流水"。听着耳旁流淌的音乐，仿佛也回到了那个有着葱郁高山，流水在山涧回音不绝的年代，有着"欲将心事付瑶琴"，弦断有人听、也有人懂的关于知音的千古传说的时代……

在古曲《高山流水》的欣赏中，想象中始终演绎着知音相遇、相知的所有可能。在第一段的引子部分，旋律响起来了，宛若悠荡山谷中不知从哪飘来的一阵绝奏，犹见高山之巅，云雾缭绕，飘忽不定。不知当年的樵夫钟子期是不是在这高山深谷樵作时，被这段音乐所吸引，循着乐声，来觅这操琴之人。

2.《平沙落雁》

《平沙落雁》又名《雁落平沙》，是一首中国古琴名曲，有多种流派传谱，其意在借大雁之远志，写逸士之心胸。最早刊于明代《古音正宗》（1634）。自其问世以来，刊载的谱集达五十多种，有多种流派传谱，仅1962年出版的《古琴曲集》第一集就收入了六位琴家的演奏谱。关于此曲的作者，有唐代陈子昂之说，宋代毛敏仲、田芝翁之说，又有说是明代朱权所作。因无可靠史料，很难证实究竟出自谁人之手。

平沙落雁，本是著名的自然景色"潇湘八景"之一。曲中描绘了一幅恬静优美的水墨小品画——黄昏将至，烟波浩渺的洞庭湖边，岸边一片白沙汀，安详恬静，迷蒙如霜。一群大雁从远天飞来，在空中徘徊飞鸣，先有几只降落在其上，仰首与空中的飞翔者相互鸣叫呼应，继而雁群一一敛翅飞落。远望去，雁群、沙岸、水波，都在越来越浓的暮色中渐渐睡去。

乐曲以舒缓的节奏和清丽的泛音开始，描绘了秋江上宁静而苍茫的黄昏暮色；然后旋律一转而为活泼灵动，点缀以雁群鸣叫呼应的音型，充满了生机和欢跃；最后又复归于和谐恬静的旋律中，意境苍茫恬淡而又生趣盎然。古琴的泛音、滑音等特有的技法的运用，使得乐韵更加丰富，艺术感染力十分强烈。

3.《十面埋伏》

《十面埋伏》是一首历史题材的大型琵琶曲，是中国十大古曲之一。关于乐曲的创作年代迄今无一定论。资料追溯可至唐代，在白居易（772—846）写过的著名长诗《琵琶行》中，可探知作者白居易曾听过有关表现激烈战斗场景的琵琶音乐。

《十面埋伏》流传甚广，又名《淮阴平楚》。本曲现存乐谱最早见于 1818 年华秋萍编的《琵琶谱》（全称为《南北二派秘本琵琶真传》，又称《华秋萍琵琶谱》）。乐曲描写公元前 202 年楚汉战争垓下决战的情景。汉军用"十面埋伏"的阵法击败楚军，项羽自刎于乌江，刘邦取得胜利。

从《十面埋伏》整曲来看，其有"起、承、转、合"的布局性质。第一部分含五段，为"起、承部"；第二部分含三段，为"转"部，第三部分含二段为"合"部。明代王猷定《汤琵琶传》中，记有被时人称为"汤琵琶"的汤应曾弹奏《楚汉》时的情景："当其两军决战时，声动天地，瓦屋若飞坠。徐而察之，有金声、鼓声、剑弩声、人马辟易声，俄而无声，久之有怨而难明者，为楚歌声；凄而壮者，为项王悲歌慷慨之声、别姬声。陷大泽有追骑声，至乌江有项王自刎声，余骑蹂践争项王声。使闻者始而奋，既而恐，终而涕泣之无从也。"从这段描述可看出，汤应曾弹奏的《楚汉》与《十面埋伏》在情节及主题上一致，由此可见早在 16 世纪之前，此曲已在中国民间流传。

4.《渔樵问答》

《渔樵问答》是一首中国古琴名曲，为中国十大古曲之一。此曲在历代传谱中，有 30 多种版本，有的还附有歌词。现存谱初见于明代萧鸾编纂《杏庄太音续谱》。谱本有多种。此曲优美清逸，以对答式的旋律，描写渔夫与樵夫的对话。

乐曲通过渔樵在青山绿水间自得其乐的情趣，表达出对追逐名利者的鄙弃。乐曲开始曲调悠然自得，表现出一种飘逸洒脱的格调，上下句的呼应造成渔樵对答的情趣。随着主题音调的变化发展，不断加入新的音调，加之滚拂技法的使用，至第七段形成高潮，刻画出隐士豪放不羁、潇洒自得的状态。其中运用泼剌和三弹的技法造成的强烈音响，应和着切分的节奏，使人感到高山巍巍，可闻樵夫咚咚的斧伐声。第一段末呈现的主题音调经过移位，变化重复贯穿于全曲，给人留下深刻的印象。

此曲有一定的隐逸色彩，能引起人们对渔樵生活的向往，但此曲的内中深意，应是"古今多少事，都付笑谈中"及"千载得失是非，尽付渔樵一话而已"。兴亡得失这一千载厚重话题，被渔父、樵子的一席对话解构于无形，这才是乐曲的主旨所在。此曲通过渔樵在青山绿水间自得其乐的情趣，反映的是一种隐逸之士对渔樵生活的向往，希望摆脱俗尘凡事的羁绊。音乐形象生动、精确，因此近几百年来在琴家中广为流传。

5.《梅花三弄》

《梅花三弄》，又名《梅花引》《梅花曲》《玉妃引》，根据《太音补遗》和《蕉庵琴谱》所载，相传原本是晋朝桓伊所作的一首笛曲，后来改编为古琴曲。琴曲的乐谱最早见于公元 1425 年的《神奇秘谱》。

梅花，志高洁，冰肌玉骨，凌寒留香，历来是文人墨客咏叹的对象。"三弄"是指同一段曲调反复演奏三次。这种反复的处理旨在喻梅花在寒风中次第绽放的英姿、不曲不屈的个性和节节向上的气概。整首乐曲由两部分构成，包括十个段落及尾声。前六段为第一部分，采用循环体形式，旋律流畅、优美，节奏明快。其中泛音主题循环三次出现，使曲调清新活泼，从而突显出梅花的气质与节节向上的高尚品质。第二部分（七—十段），与前一部分形成了鲜明的对比，旋律跌宕起伏、急促的节奏以及音调和节拍上的不稳定，都为我们展现了梅花傲然挺立在寒风中的坚毅画面。第二部分一静一动、一柔一刚、刚柔并济，形成了鲜明的对比，仿佛为我们展现了梅花千姿百态的优美形象。

中国人对"梅花"有着特殊的尊敬和喜爱，它已成为中国人某种人格的化身。因此，梅花自然就成为古今艺术创作的重要题材。人们寄情于梅花，以诗、画、乐来表现梅花洁白、芬芳、耐寒的特点以及傲霜高洁、情趣高雅等具有高尚人格美的品质。宋代的陆游、明代的高启等人曾以诗颂梅；画界自宋朝以来，就有人画梅。到了明代，以"梅、兰、竹、菊"为独立的画料，称为以梅为首的"四君子画"。比较之下，歌颂梅花的乐曲可以说是凤毛麟角。

第七章 国学与舞蹈

第一节 传统舞蹈与文化的关系

中国舞蹈源远流长，和古老的中华文明同生共存。中华五千年的历史每走一步，都有舞蹈的足迹。中国的文明因舞蹈而多姿多彩、熠熠生辉，舞蹈又以它独特的文化彰显着中华民族的生命与活力。在舞蹈中看文化、在文化中观舞蹈，既能获悉古代的乐舞风尚和舞人传奇，感知中国舞蹈的辉煌与美妙，又能领略礼乐之邦的非凡风采和气象，感受传统文化的博大与精深。

一、礼乐文化与诗乐舞三位一体

周灭商后，以商朝为鉴，不再崇尚"鬼神"，而是打着敬神的旗号，把宗教作为统治百姓的工具，是谓"周人尊礼，敬神而远之"是也。相传周初，在周公旦的主持下，制礼作乐，建立了一整套礼乐制度，礼乐制度的用意，还在于统治阶级的政治目的。所谓"以乐礼教和，而民不乖"其根本在于防止奴隶的反抗，以巩固周王朝的等级统治。

礼乐制度的建立，首次在历史上确立了宫廷雅乐体系。宫廷设置了专门的乐舞机构，掌管各种礼乐事宜。"雅乐"便是在这种历史背景下产生的。雅乐是西周礼乐制的主要内容，用于祭天地、神灵、祖先等典礼，也用来服务朝廷大典、宴会、外交等事项，后来大型的军事大典上也用雅乐。"礼"是周初确定的一整套典章、制度、规矩、仪节。它的一个基本特征是原始巫术礼仪基础上的晚期氏族体系的规范化和系统化，其体制的上层建筑和意识形态直接从原始文化延续而来。也就是说，周公将从远古到殷商的原始礼仪加以大规模的整理、改造和规范化，以适应早期奴隶制的阶级统治。这在当时是一个十分重要的变革。

"乐"在中国古代是指诗歌、音乐、舞蹈三位一体的艺术，与今天单纯意义上的"音乐"概念不同。周初统治者"制礼作乐"，是想用礼乐互补的方式来治国治民，以保持社会有序。因为"乐"与"礼"之间有一种自身的内在的联系。

首先，从"礼"的角度讲，"礼"包含了仁、义、智、信、忠、孝、悌、廉等伦理范畴，而这些范畴又全是宗法血缘关系的产物。由于古代中国政治以礼为中心，故宗法血缘使中国的政治成为伦理政治，而伦理政治成功的至要就在于它的情感性。那是一种建立在氏族血缘伦理道德基础上的情感。所以，重视和发展此种情感以维护宗法制度，就成为统治者国政大事中的重要内容。如果在"礼"的各个环节中，都一一渗透着与宗法血缘关系直接相连的伦理道德和情感，则伦理律令的强制性和专制主义就将被其浓厚的人情味所掩盖。人们从情感上得到愉快的体验，便会不知不觉地让伦理律令消泯其个性人格与个性自由，服从于宗法统治。所谓"知之者不如好之者，好之者不如乐之者"（《论语·雍也》）。所以，"礼"是以宗法伦理情感为依托的，偏离了这个基点，中国的"礼乐文化"就会是另外的面目。

　　就"乐"而言，乐舞本身就是一种以情感为中心的艺术。"情动于衷而形于外"，乐舞无论是生成还是表现，都是以情感为媒介、以达情为旨归的。而乐舞的感染力，也首先是通过打动人的情感来实现的。因此，将"礼"的内容赋予"乐"的形式，以"乐"求"礼"，就能收到事半功倍的效果。由于礼乐各自的功能不同，二者之间存在着相互补充、相互制约的关系。这种关系一言以蔽之，即以"礼"来区别等级贵贱，以"乐"来协调人际关系和情感。一如《乐论篇》云："礼仪立，则贵贱等矣，乐文同，则上下和矣。"乐是从内部不加强制地去做用于人的情感、感发人的心灵，感发人"仁"的天性，"仁"是礼乐思想的升华，它是以启发诱导而不是教训说理来陶冶、培养人的向善之心。"乐"的这种"治心"作用是从外部规范人的行为，这是"礼"所达不到的。反之，欲使人们相互间既不失仁爱又不轻慢，并保持其等级严明，就必须施以"礼"。所以，《周礼》规定"正乐县之位，王宫县，诸侯轩县，卿大夫判县，士特县"。又"凡射，王以《驺虞》为节，诸侯以《狸首》为节，大夫以《采蘋》为节，士以《采繁》为节"。在这里，"乐"显然是体现"礼"的一种手段。所以，"礼"离不开"乐"，通过"乐"而导向"礼"，使"礼"得到最好的施行。同时，"乐"的使用又不能超出"礼"的范围，要受"礼"的节制。

　　综上所述，西周的"制礼作乐"是意在通过礼乐的并举，促使社会的外在规范最终化为人们内在心灵的愉快和满足，从而产生强烈的社会情感力量，以致影响整个社会生活，促进群体的和谐与社会稳定，达到天下大治。

二、诗乐舞三位一体

　　据《吕氏春秋·古乐篇》记载，我国上古比较成熟的诗、乐、舞结合的作品有葛天氏时代的《葛天氏之乐》，黄帝时代的《云门》《咸池》《清角》，颛顼时代的《承云》，帝喾时代的《九招》《六列》《六英》，唐尧时代的《大章》，虞舜时代的《大韶》，大禹时代的《大夏》，夏启时代的《九歌》《九辩》《万舞》，商汤时代的《大濩》《桑林》等。歌则词，词即为诗，以词配曲，曲即为乐，伴之以舞。从上古及后就诗歌、音乐、舞蹈三者的关系发展演变来看，在不同的历史时期诗、乐、舞三者或亲密一体，或疏离分化的关系经历了不同的发展阶段：即乐、舞为主歌词（诗）辅之时期，诗、乐、舞并重时期，诗、乐、舞分化时期。

1. 诗歌、音乐、舞蹈内容表现的互补性

诗歌、音乐、舞蹈的产生原因都是劳作。劲力而呼是诗歌形成的因素；重复而歌是音乐诞生的因素；应歌而动是舞蹈构成的因素，三者在其社会实践中、在其功利性上具有互力作用。在劳动中有意识形成的互力现象无意识中促进了艺术的互相作用。随着人类审美意识的产生、理性的觉醒，在再现这一劳动情景时，由于同一劳作内容的互力作用对劳动者产生了情感效应，劳作中诞生的艺术胚芽在形式上经过锤炼和提高，逐步走向成熟。三者在艺术上互相补充完善，来达到传递艺术信息、传输审美对象的目的，而且三种艺术形式各擅所长、交输互受、多维切换，以诠释生活的真实，抒发作者的情感。"诗者，志之所之也，在心为志，发言为诗。情动于中而行于言。言之不足，故嗟叹之，嗟叹之不足，故咏歌之，咏歌之不足，不知手之舞之足之蹈之。"（《诗大序》）用诗不足以表达，则用歌（乐），用歌不足以表达则用舞蹈。赵沛霖先生说："只用舞蹈一种不足以尽兴，不足以表达他们的狂热和虔诚，也不足以取悦于图腾神，于是，审美主体那种诗歌舞结合的内在潜能便得以发挥，使诗、乐、舞三位一体为之实现。"旨在说明诗、乐、舞三者互补互善，而达到艺术表现的目的，完成艺术的使命。社会生活的多维性、人类情绪的复杂性，往往因艺术类型的局限性（如时间艺术缺少空间的视觉性，空间艺术缺少时间的延续性）表现不充分。怎样更好地将时间艺术、空间艺术有机结合起来多层面、多角度淋漓尽致地透视展现人类的社会生活和情感变化，是艺术自始至终的追求。

2. 诗歌、音乐、舞蹈音律表现的同一性

诗歌、音乐、舞蹈音律表现的同一性，亦即形式表现的互补性。莱辛在论及诗、乐、舞的结合时说："诉诸听觉的先后承续的人为符号和诉诸听觉的先后承续的自然符号的结合，在一切可能的结合之中，无疑是最完美的，特别是在这两种符号不仅涉及同一感觉，而且可以同时用同一感觉器官去接受和复现。诗与音乐的结合就属于这一种……随着诗与音乐的最完美结合之后，就是诉诸听觉的先后承续的人为的符号与诉诸视觉的先后承续的人为的符号二者的结合，就是音乐与舞蹈的结合，诗与舞蹈的结合以及原已结合的音乐和诗再与舞蹈的结合。"诗、乐、舞这种最完美的结合共同的生命就是节奏，三大艺术表现的同一性就是节奏。只有共同的节奏才能把诗歌艺术、音乐艺术、舞蹈艺术统一于同一意境之中。诗者，依节而诵，乐者，应节而歌，舞者，因节而动，或各自施行而以节奏相互制约，或同兴并举而以节奏相互统一，诗歌的节奏表现为音节的平仄轻重、音节的组合、韵式的安排、句幅（律动单位）的长短、章节的结构等方面；音乐的节奏表现为乐音的高低强弱、乐汇的

色彩、乐句的风格、乐势的创意等方面。舞蹈是在一定的时间过程中，以体态动作的力度、间歇、旋律、张弛、快慢、强弱、刚柔对比中体现诗乐的节奏，用视觉形象、体态语言来反映、表现诗与乐节奏的本质内容。所以说，音乐是舞蹈的灵魂，它决定了舞蹈的结构、特征、气质。诗、乐通过舞蹈而得到具体、形象的诠释，舞蹈则通过诗、乐增强了情绪的内在张力，所以说诗、乐、舞三位一体在表现形式上具有互补性。

3. 诗歌、音乐、舞蹈形态表现的特殊性

诗、乐、舞表现形式的特殊性，指诗歌语言、音乐语言、舞蹈语言各自具有鲜明的特点。诗言志，歌咏言，舞动容，三者虽一体共生，但在艺术表现形态上明显具有自身的独特性，各有表现之长，各有表现之短，在原始艺术生态的背景下艺术家们努力取长而补短，正是因为各自发挥了自己的长处，才在诗、乐、舞共同体发展过程中个性越来越鲜明强烈，最终走向分化。

诗者，言其志也，歌者，咏其言也，舞者，动者容也，三者本于心，然后乐气从之。乐者心之象也，声者，乐之象也，文采节奏声之饰也。（《礼记·乐记》）

总之，诗、乐、舞表现形态的特殊性表现在三个方面。即塑造形象的材料不同，艺术语言的表达不同，艺术效果的产生不同。随着人类审美意识的增强，始初诗、乐、舞三位一体的生存状态，因诗、乐、舞表现个性的日渐突出而最终解体，分化为三门独立的艺术。

第二节　儒家思想对中国古典舞的影响

以孔子为代表的儒家文化博大精深，是中国文化最重要的组成部分，在中国文化中处于特殊的地位。儒家文化以"仁"为核心，旨在构建一种和谐秩序和心理平衡，并探索人类与自然的根本关系与本原道统。其深刻地影响着中国文化的发展，同样对中国舞文化起着重要的影响。从中国舞蹈的沿革上看，无论是舞蹈的外在形式，还是内在的含义都展现了人的追求和美的意境，在传情达意的同时展现的也是深层次的思想，因此，可以说舞文化从起源上就与儒家文化有着某种一致的地方，而且在其发展过程中也随着儒家文化的深入而打上了儒家的烙印。由此可见，研究中国舞文化中的儒家思想是很有必要的。

一、儒家精神追求的体现

舞蹈是人类古老的艺术形式之一。在远古人类尚未产生语言以前，人们就用动作、姿态来传达各种信息和进行情感、思想的交流。原始人类由于知识贫乏，对自然知之甚少，因而舞蹈又常与原始宗教、图腾相联系，起着祈祷神灵、祭祀祖先、团结民众，甚至是记事的作用；而且由于当时极度贫困的生活现实，舞蹈还能使人对生活充满信心。可以说舞蹈起源于人类求生存、求发展的劳动实践和其他多种生活实践的需要，以及图腾崇拜、巫术宗教祭祀活动的需要，是远古人类劳动生产活动的模拟再现。它的起源是随着人类生产劳动而产生的。在人类原始部落里，舞蹈具有全社会性，在他们组织散漫和生活不安定的状况下，需要有一种社会感应力使他们团结在一起，舞蹈就是产生这种感应力的重要手段。部落为了有共同标志，就出现了图腾，每逢祷告或庆贺，都会对着图腾跳舞，于是就产生了图腾舞蹈。

原始社会解体，人类进入奴隶社会，从此，图腾崇拜开始和巫术迷信相结合，因而产生了巫舞。随着文字的逐步发展，舞蹈的内涵逐步扩大。奴隶社会末期，巫舞逐渐向娱君、娱神方向发展，而且随着音乐和诗歌的方向发展，乐章和乐器种类的增多，律吕学的逐步形成，不仅国家的祭祀、朝会需要舞乐，而且一般贵族的社交宴会都有舞乐伴奏。到了封建社会，舞蹈的形式更多、规模更大，形成了专门的舞蹈机构，而且舞蹈出现在社会各个层面。传统的宫廷舞蹈继续大规模发展，分为祭祀性质的乐舞和宴饮助兴的乐舞。中国的汉魏和隋唐时代，是宫廷舞蹈发展的两个高峰。宫廷内设有专门管理收集乐舞的乐府、太常寺、梨园等机构，训练和培养宫廷乐舞演员和乐员。唐玄宗和南唐李后主等皇帝还亲自参加编制乐舞。同时，乐舞也逐渐由宫廷走向民间，民间歌舞也得到了繁荣和发展。可以说舞蹈的发展经历了由民间到宫廷，又由宫廷到民间；由业余到专业，又由专业回归业余的这样一种相互交融、相互促进的发展模式。

原始人以打猎为生，因此在古舞中以狩猎为内容的乐舞较多。《尚书·舜典》说："击石拊石，百兽率舞。"这个乐舞的表演就是一些人扮作野兽，另一些人敲击石块以似乐器伴奏，从而起舞。《吴越春秋》里有一首远古时期的《弹歌》："断竹，续竹；飞土，逐肉。"此乐舞即是当时人们如何砍下竹子做成弯弓，并以石弹代箭猎物的表现。原始人除了打猎之外，还有类似于祭祀的乐舞。例如，《吕氏春秋·古乐篇》中所记载："昔葛天氏之乐，三人操牛尾，投足以歌八阕：一曰《载民》，二曰《玄鸟》，三曰《遂草木》，四曰《奋五谷》，五曰《敬天常》，六曰《达帝功》，七曰《依地德》，八曰《总鸟兽之极》。"这个乐舞共三人表演，他们每人手执牛尾，载歌载舞。在这个乐舞中，包含了当时的祭祀活动，其中的玄鸟就是图腾的象征。

在儒家思想中，把自然作为人这个主体的一部分，"天人合一"。孔子思想虽然显示了对天的敬畏，但却给予了新的转化，即经由道德实践，把天的人格含义转变成具有必然性之命运的含义，其中既包含宗教感情，又包含人的道德与天则、自然秩序与规律性的合一。人类祭祀是"祭天颂德"，人类的劳动产生舞蹈，舞蹈中的思想表现出儒家的"天人合一"。例如，夏代的乐舞，其内容以颂扬功德为主。《大夏》是歌颂禹治水功绩的乐舞。商代《大濩》是当时创作的一部歌颂商汤伐纣功绩的乐舞，用来祭祀祖先。这些都是儒家思想的体现。

古时，人们祭祀也有求雨或是供天，当时人们对"天"的意识非常强烈。赞颂有功绩的人的乐舞中，也反映了儒家的"仁"和"义"。仁是古代中国人的一种伦理观念，因为儒家的发展而成为中国古代重要的道德标准、人格境界及哲学概念。孔子之前已经有关于"仁"的观念，但是孔子对"仁"的重视和阐述提高了它的重要性。很多学者认为"仁"是孔子思想的核心。义，一般指公正合宜的道德、道理或行为。"义"是儒家五德：仁、义、礼、智、信之一。儒家注重与身边的人建立一种和谐的关系，中国古代的舞文化正好能显现出儒家思想的渗透。乐舞发展在周代受到统治者的重视，并在当时推行礼乐制度。周代乐舞可分为五类：一为六代乐舞，也称六代之乐，用于祭祀大典和重大的宴庆活动，被后世儒家奉为雅乐的最高典范，六乐指的是《云门大卷》《大咸》《九韶》《大夏》《大濩》《大武》；二为小舞，是当时规模、形式较小的乐舞；三为散乐、夷乐，是指民间乐舞；四为四夷之乐，是当时王朝、四周各部族的乐舞和歌曲；五为宗教性的乐舞，包括天旱时求雨用的舞乐和每年秋季驱除瘟疫时所用的乐舞。

汉魏民间歌舞在内容和形式上都有了很大的改变。到汉高祖掌握政权时，由于他个人喜爱歌舞，于是宫廷中的乐人去学习少数民族的歌舞，学习回来后常在宫廷内演出。除此以外，还有巾舞、盘舞等。例如，《宋书·乐志》中说："项庄舞剑，项伯以衣袖鬲之"；舞时用巾"以项伯衣袖之遗式"。汉代是文化艺术（包括舞蹈艺术）大发展、大繁荣的时代。舞蹈活动普遍兴盛，乐舞、百戏等表演艺术水平大幅度提高，出现了一些著名的舞蹈和舞人，同时也有边疆少数民族舞蹈和西域乐舞杂技幻术的传入，这些都体现了当时舞文化所取得的重大进展。《盐铁论·散不足》篇载："今富者祈名岳，望山川，椎牛击鼓，戏倡舞象。"富人在祭祀山川时，为了酬神，要击鼓舞蹈，表演各种技艺；"今俗，因人之丧以求酒肉，幸与小坐而责辨，歌舞俳优，连笑伎戏"。另外，民间办丧事也要表演歌舞和一些其他的技艺。

儒家思想认为，音乐为政治外交服务，即乐舞助政。在当时，统治者重视乐舞发展，推行礼乐制度。这里就体现出了儒家的"礼"与"乐"的关系。礼乐本为一体，"兴于诗，立于礼，成于乐"，诗可以使人振奋，礼可以使人立足，乐可以使人做人臻于完美。乐舞为政治服务的思想，确实对于政治发展有着推动作用，这也体现出儒家思想的重要性。有文献记载，皇室贵族对乐舞享乐的重视和迷恋，在当时表现得非常明显。例如，平民女子若擅长歌舞、技艺超群，并且得到贵族的赏识，那么将会被封为妃子甚至是皇后。也正是由于当时的统治者对歌舞的喜好，社会上开始出现歌舞方面的专业艺人，也称为歌舞教师。这对舞文化的发展起到一定的推动作用。

随后，在南北朝末年兴起的歌舞戏，具有故事情节，有角色化装表演，载歌载舞，同时还兼有伴奏，类似戏曲样式。

唐代时期，出现了"教坊"，这是唐代新设的宫廷音乐机构，专管雅乐以外的音乐、歌舞、百戏的教习、排练、演出等事务。唐代教坊音乐歌舞形式内容多样，舞蹈风格独特，如《兰陵王》《纯莺啭》《乌夜啼》属于"软舞"；《柘枝》《大渭州》等属于"健舞"。尤其道教所用的一种称为"法曲"的音乐，在当时受到关注和提倡，如《霓裳羽衣曲》最为人们所称道。从舞文化的发展来看，继承的唐代大曲得以创新是在宋代时期，歌舞的表演已经颇具戏剧表演的意义。例如，《采莲舞》，舞者共五人，分别扮演不同的角色。另外，舞蹈还分独舞、二人舞、众舞。音乐舞蹈在当时十分发达，歌舞成了人们生活中的一种娱乐方式。例如《踏歌》，人们手袖相连，边歌边舞。"春江月出大堤平，堤上女郎联袂行""新词婉转递相传，振袖倾鬟风露前"（刘禹锡《踏歌行》），"李白乘舟将欲行，忽闻岸上踏歌声"（李白《赠汪伦》）等诗句都生动地描写了《踏歌》普遍受人们喜爱并广泛流传的情景，也表现出人们舞蹈时的景象。

这是在民间，舞蹈文化普遍流行的体现。在宫廷中，约847—852年，宣宗自制新曲，加工排练《踏歌》，队伍气势整齐划一，舞姿优美连贯协调，乐声清新舒缓，歌声悠远悠扬。在唐代，擅舞者居多，以贵族为例，唐玄宗李隆基就颇具艺术才能。他善作曲，并能亲自指挥乐队排练，亲自演奏乐器伴舞，对舞蹈的鉴赏有较高的水平。又如，唐代杨玉环，她"资质丰盈，擅长歌舞，通音熟律，才智过人"，尤其善舞《霓裳羽衣曲》。另外一位江采萍，表演《惊鸿舞》，曾令玄宗赞叹："吹白玉笛，作惊鸿舞，一座光辉。"这些足以看出唐代时期舞蹈技能的纯熟和舞蹈文化的广泛传播。舞蹈在唐代的发展可谓是辉煌，除了善舞者居多外，宫廷朝会、宴飨的《九部乐》《十部乐》《坐部伎》《立部伎》等作品都逐渐发展、形成。

舞文化此时发展已近于巅峰，歌舞繁荣于世，教坊事务众多，风格单复兼备，这展示出的是儒家"智"的思想。歌舞繁荣，促进人们的生活与劳动，是"智"；设立教坊，教舞习舞，提高技艺，也是"智"。"智"在儒家哲学中既是一个认识论的概念，也是一个伦理学的概念。"知者乐水，仁者乐山；知者动，仁者静；知者乐，仁者寿。"（《论语·雍也》）这句话讲的就是"智"是成德的重要前提和条件。并且在此时，唐朝很多的乐舞都是为迎接外国使节所演出，其实这表现的就是儒家"和"的思想。

舞蹈文化的发展在此时已经到了辉煌鼎盛时期，接着到辽、宋、西夏、金时期，舞蹈艺术发展趋近转折。辽代主要倡导的舞文化是"承接唐舞"，对舞蹈文化有广阔的兼容精神。而在宋代，舞蹈文化在新的政治、经济、文化环境下曲折的发展演变，主要显现为民间歌舞盛行，有一定情节和人物的戏曲艺术进一步发展，纯舞衰落，大量有代表性的舞蹈作品失传，舞蹈在戏曲中继续前进发展。

在金代，基本承袭辽代时期，融汇宋代的舞蹈文化，没有太大的改变。而在西夏，当时是由党项族掌握政权，并且党项族人能歌善舞，生活中普遍存在着舞蹈活动。进入封建社会后期的元、明、清三个朝代后，舞蹈文化的发展趋势近同，各代宫廷宴乐都在极力突出具有本民族特色的乐舞。民间舞蹈在统治者的政权下，虽然时盛时衰、时倡时禁，但最终人民群众用自身的身体和智慧在顽强地继承和发展；专业的戏曲艺人，把前代的传统舞蹈和当时的民间舞蹈充分地运用和结合起来，从而提高了舞蹈技能的表现力和舞蹈文化的价值。

例如，元代《天魔舞》中的情景：西天法曲曼声长，璎珞垂衣称艳妆。大宴殿中歌舞上，华严海会庆君王。西方舞女即天人，玉手昙花满把青。舞唱天魔供奉曲，君王常在月宫听。明代宪宗《元宵行乐图》十分生动地再现了当时舞蹈表演的场景：有技艺高超的惊险杂技，还有规模庞大的民间舞队。前面是头戴模头、身穿袍、挥展双袖、抬足而舞的男舞者；后面有戴大头、袒胸露腹的"大头和尚"；再后面是击鼓、吹笛、拍板的伴奏乐人。

清代除了宫廷宴乐外，各民族的舞蹈文化也丰富多彩，有瓦尔格部落的《瓦尔格部乐舞》，蒙古族的《蒙古乐》，新疆地区的《回部乐》，藏族的《番子乐》；另外，清代属国朝乐舞也有一定的影响，如朝鲜乐舞《朝鲜国俳》，尼泊尔的《廓尔喀部乐》，缅甸的《缅甸国乐》，越南的《安南国乐》等。

从中国舞蹈的发展来看，体现儒家所追求的仁、义、礼、智，歌颂劳动、祭天颂德，而且能吸收接纳外来的文化。这些是儒家的精神、儒家的思想。很多乐舞的初衷就是体现对美好生活的追求，那么整体看来舞文化的发展史就是一部人类精神追求的历史。祭祀祖先、歌功颂德是"仁"，是回归人性对美好生活的向往；畅谈英雄、表白情感是"义"，是对人性道德的一种追求；歌舞升平、乐器更新是"智"，是人性发展进步的体现；吸收外来文化、接受新思想是"和"，是人性本质的反映。

二、"中庸"之道——"和"

自古以来，中国人民都重"和"，这意味着对内聚之力、融合之力、向心之力等的重视，各种对立皆可和。"和"在古人的心目中是世间万物最本真、最常态、最具有创造性的状态，是生命之依托、生存之力量，"和能生万物"。无论是生活中的为人处世，还是在工作与生意上与人打交道，我们都"以和为贵、以和为美"。其实"和"也意味着忍让、低调、内敛等中华民族长久以来所奉行的做人原则，这些都是达到"和"的必要条件。"和"也是中国古代美学中非常重要的范畴之一。我国古代儒家学派创始人孔子，倡导的就是中庸思想。他对乐舞也颇有研究，其乐舞思想至今仍发挥着重要的作用。孔子所提倡的艺术美，讲求"刚而不拙、柔而不弱"，反对背离"中庸之道""中正平和"。孔子曾在观赏过歌颂武王克商的乐舞《大武》后评价其"尽美未尽善"；而在看过以赞扬舜的文德为内容的《大韶》之后则对其倍加推崇，给予"尽善尽美""三月不知肉味"的评价。想必正是由于《大韶》符合中华民族"和"的审美标准，而《大武》则由于赞颂的内容与武力有关而未达到"尽善"。古代人如此重"和"的思想决定了人们的审美原则与标准，使得中国的艺术朝着沉稳、中和、重内在这一方向发展。书法、绘画、音乐等也如此，而独具中国特色的中国古典舞更是如此。它在"和"精神的影响下，表现出"刚柔并济""内外统一""形随心动"等特点，体现出豪迈与含蓄、雄厚与淡雅的相融并重以及优美与壮美的对立统一。总而言之，在中国古典舞之中，出发点的各异最终都会归结到"和"的内核上。

总之，舞蹈就是追求人性自身的完善和发展，表达对和谐的信仰和追求、对生活的赞扬和歌颂，这些都是儒家思想的折射。

通过对中国舞文化发展的研究，不难发现舞蹈之中深层次的是对思想的体现。舞蹈是行为的艺术，思想是行为的指针。中国舞文化的发展从原始的图腾祭祀形式到现代规模宏大的舞剧，从追求神灵庇护到唯美境界，从为宫廷贵族服务到大众娱乐，从单一身体行为到乐、舞、形并茂，从对天的信仰到对人的回归，无不体现出人本思想，这也正是儒家思想所体现的"天人合一"的理想追求与"和"的世界观。而且从宏观上看，可以发现舞文化的发展基调是和儒家思想的发展基调相同的，儒家文化发展的鼎盛时期也是舞蹈文化的兴盛时期。舞蹈是一种思想的载体，其对美的追求就是对仁的理解。正是无形的儒家思想对有形的舞蹈的潜移默化的影响，才赋予了舞蹈如此多的内涵和强大的生命力，使得中国舞文化枝叶并茂、兼收并蓄、源远流长。

第三节　道家思想对中国古典舞的影响

中国古典舞追求心灵的自由、快意，追求感情的自由抒发。道家思想使人的主体意识和创造性本能得到了多元化的彰显。

一、阴阳中的"变"与中国古典舞的关系

道家从"自然无为"的基本哲学思想出发对万物进行理解。例如，《周易》认为整个世界只能在运动变化中存在和发展，而阴阳是构成宇宙万事万物最基本的元素，天底下的变化只存在一阴一阳。

中国古典舞身体形态的"拧""倾"和动作画圆的轨迹呈现为一种回旋、回转的状态，体现出周而复始与轮回的道家思想，又有阴阳对立之意。古典舞以舞蹈的意、劲、精、气、神为精神支柱，以手、眼、身、法、步为技巧要领，从而构成了刚柔相济、形神统一、文质并重的美学特征。道家则以"虚静、心斋、坐忘"等论述艺术的审

美的可能条件，以"气"的虚实结合，既强调了物象的虚实，又突出了"象外之象"。这些都和道家思想、阴阳学说所表现的对立统一思想一脉相承。

二、圆流周转的宇宙观与中国古典舞中"圆"的特征的关系

　　"圆"是中国古典舞运动形态的本质特征，也是传统文化中的美学范畴。人们总以"行云流水""曲折婉转""龙飞凤舞""闪转腾挪"等对中国古典舞加以赞誉，它的动势呈现着一种回旋状态，圆是古典舞的运动特征，也是阴阳的运动特征。阴阳是相对的，如果没有相对性就不知道何为阴阳，所以阴阳不可分开。宇宙的一切都要求圆满，这里的圆不是圆滑而是圆通，而宇宙的生生不息也是阴阳的互动。天底下的变化就是一阴一阳，古典舞同样如此，高低、快慢、收放、轻重、动静等都是在阴阳中互动、转换、变通，从而形成古典舞独特的与道家思想相似的圆流周转的时空观。"易"以变为核心，最后还是万变不离其宗，变来变去离不开太极，即阴阳。

　　中国古典舞的圆从线条上看，圆由曲线构成，意味着流畅、柔韧、舒展，蕴藏着整体、圆满、灵活的含义。从动态的轨迹来看，中国古典舞在人体形态上强调"拧、倾、圆、曲"，动作之间的连接几乎都要圆与圆交替。圆体现了自然及其合规律的运动与主体审美之间密不可分的联系。这种思维模式既合乎自然，又超越了自然，成为了人们在审美王国中所追求的"自由的境界"。实际上，这也是中国传统的圆形思维模式。

　　因此，"圆"与"转"的概念深深地烙印在中国古典舞中，而"阴阳相对"这一古代朴素的辩证思维则是该发展观的主要理论形式之一。道家认为，一切事物无不是具有正反两方面，它们相互作用、循环不止，这是万事万物产生的根源。

第八章　国学与视觉艺术

　　我国拥有五千多年的文明史，中华民族的聪明才智创造了丰富多彩的传统文化，形成了丰厚的文化积淀，而这种文化已内化为中华民族的文化心理结构，成为一种文化遗传基因。艺术作为人类精神产品，本身也包含着这种传统文化积淀，如我国的绘画、书法、戏剧、建筑艺术、民间艺术，无一不体现着中华民族几千年的文化底蕴，这些都对现代艺术设计产生了重要影响。德国著名设计家霍尔格·马蒂斯说："任何国度的设计中，都应体现国度的根，这个根就是自己的文化。"在中国传统文化中，无论是中国的古典文学、哲学思想，抑或是书画篆刻、民间艺术，都是现代艺术设计取之不尽、用之不竭的文化宝藏。

第一节　中国传统图形的认知

　　我国传统图形艺术历史悠久、资源丰富，有着精深的文化内涵，在其自身的发展历程中，形成了多样而又统一的格调，展现了浓郁的东方民族色彩。早在文字产生之前，先民就开始使用图形来传递思想、沟通情感。新石器时期的彩陶纹与山洞岩刻就记载了先民对自然的理解与期盼。随着历史的不断更迭、沉淀，中国图形艺术融汇了宗教、哲学、艺术、政治等多方面的因素，其形态不断地延伸、衍变而呈现出多姿多彩的面貌，继而形成一种语义丰富的文化象征体。

一、内涵丰富的哲学思想

　　中国传统图形造型美观、内涵丰富，不论是彩陶上稚拙的鸟纹、蛙纹，还是汉代漆器上飘逸的凤纹，都呈现出一种特有的精神气质。这种神韵及面貌一方面体现了先民对自然、对自我的认识与总结；另一方面又体现出中国传统哲学思想对它的影响。

　　中国传统哲学思想作为图形艺术的理论基础，对传统图形的发展与演变起到了重要的作用。其中"天人合一、阴阳辩证统一"思想是构成传统哲学思想的理论基础，为中国传统图形的设计奠定了具体的模式基础。

首先，"天人合一"强调人与自然的和谐共处。《易·说卦》中说，"立天之道曰阴与阳，立地之道曰柔与刚，立人之道曰仁与义"，即形成了天地、自然、社会一体化的思维模式。天地、万物、男女、君臣、上下、礼义构筑起大自然与人组成的社会，并以此统领人们社会生活的各个方面及审美、艺术等领域。传统图形中的吉祥图案，如"鸳鸯戏水""松鹤延年"等，正是这种天、地、人三才关系的自然和谐的体现。"天人合一"是人本哲学和美学的完美结合，它将天、地、人、艺术道德看作一个息息相关、不可分离的整体，在"整体意识"的基础上追求"和谐"。

其次，传统图形中的动静、虚实、黑白等辩证关系即是"阴阳辩证统一"思想在图形中的体现。作为传统经典的"太极图"就充分地表现了这种阴阳相交相逆、既静又动、既动又静的自然规律，同时又突出了对立与统一这对哲学范畴。

现在，太极图形已成为一种世界性的艺术符号，它所代表的理念深入到东方文化的每个层面，对我们的审美、认知和价值取向有巨大的影响。

二、多姿多彩的装饰造型

中国传统图形的发展与演变过程，历经商、周、秦、汉、隋、唐、五代、宋、元、明、清时期。从图形符号到装饰纹样、从传统图形到吉祥图案，题材广泛、内容丰富，每一种图形的延续、变化都有着独特的意蕴，显现出多彩的装饰形态语言。例如，原始彩陶上那与自然息息相通、生动质朴的纹饰符号，青铜器皿上那刚柔相济的祥纹、深重凝练的装饰图形，汉代漆器中婀娜多姿、飘逸流动的吉祥图案，以及雍容华贵、形态饱满的唐代锦缎纹样。这些图形都巧妙地采用人物、花鸟、走兽、日月星辰、风雨雷电等不同的形态，具有较强的装饰性。它们或以同种或类似形态反复出现，产生节奏感；或以造型形态的力学意义产生对称或非对称的均衡关系；或以抽象的点、线、面构成与民俗心意需求相对应的视觉形象；又或者以跨越现实时空关系的手法构成多种极具创造性的哲学艺术形象。这些造型手法是几千年来人民的集体意识精华的体现，具有敏锐、无限的想象力，并随着时间的推移和历史的发展而不断沉淀、延伸、衍变，从而形成中国特有的传统造型艺术体系。

三、美好吉祥的象征观念

中国传统图形纷繁复杂，它们是传统智慧的结晶，源于对自然及宗教崇拜的传统图形，经过演变与发展，延伸出"生命繁衍昌盛、生活富贵康乐"等美好的象征意义。每一种图形都代表着不同的象征意义，有着"图必有意，意在吉祥"之说。传统吉祥图形有很多，光是动物、植物题材就相当丰富，如"龙凤呈祥""福禄寿喜""三羊（阳）开泰""连（莲）年有余""喜鹊登梅"等主题纹样，传递了中华民族对美好生活的憧憬与追求，也体现了中国先民纯真的审美情操和高超的艺术创作力。

除了各种动物、植物图形外，还有"如意纹""云纹""方胜纹"等各种纹样及图形符号，都表达了人们美好、吉祥的愿望。

中国传统图形无论是形的象征还是意的象征，都反映出当时人们的观念，而不仅仅是单纯的视觉表达和感性的知觉形式。张道一先生说过："以象征形式表现吉祥观念的中国传统图形是一种真正慰藉人们心灵和精神的艺术。"

第二节　色彩文化

中国人自古对颜色就有着丰富的认识，汉语中存在着大量的颜色词。而且，人们又从传统的哲学思想、民俗文化、色彩联想等出发，赋予各种颜色以不同的象征意义，形成了独特的中华民族色彩文化。

一、五色观

颜色本身是一种客观存在的现象，不存在高低、贵贱之分。可是，一旦人们把它与社会政治、文化、礼仪等问题联系起来，它便有了差别。古时，中国人把颜色分为两大类：一类是"正色"，包括青、赤、黑、白、黄；另一类是"间色"，包括绀（红青色）、红（赤之浅者）、紫、缥（淡青色）、骝黄五种。这可能是很早的时候，古人在诸多的颜色中，发现有些颜色是基本色，它们互相按照一定的比例搭配，就能产生新的颜色，所以称为"正"色；而有些颜色是在搭配中产生的，所以称为"间"色。久而久之，人们对色彩逐步形成了不同的爱憎情感。据《论语》中记载："子曰：'恶紫之夺朱也，恶郑声之乱雅乐也，恶利口之覆邦家者。'"这句话的意思是：我讨厌用紫色代替红色，讨厌用郑国的乐曲代替典雅的乐曲，讨厌用花言巧语颠覆国家的人。在这里，孔子把他的观点和爱憎注入了色彩之中。

另外，中国人赋予各种颜色的文化含义，还与中国的阴阳五行学说有着密切关系。阴阳五行学说，最早的创立人是子思及其门徒孟子，而实际上完成此说的人，是战国末期的齐国人邹衍。他的著作《邹子》和《邹子始终》都已经失传，我们只能在其他史书中见到他的理论。邹衍把水、火、木、金、土这五种元素称为"五德"，也称"五行"。他认为，这"五行"之间是互相制约的，木胜土、金胜木、火胜金、水胜火，世界按照这个规律，循环更替、改朝换代。他的理论当然受到了当时统治者的欢迎，因为未当上皇帝的地方军阀，希望自己有机会夺得皇位；当上皇帝的，认为自己是顺乎天意掌握了政权。

原始时代的人类在不知不觉中创造了历史性色彩最纯粹的形式。最早发现的原始美术物是距今两万年前的洞窟岩画，标志着当时人类已经用色彩装饰自己的居住场所。其中各种各样的动物形象，用色鲜明浓烈，饱含着原始人类特有的生命力和艺术感染力。在我国黄河中游地区发现的石器时代原始氏族部落建造的浅穴，就由红、黄、褐等颜色的泥土、草泥和木材建成，表明我们祖先对色彩的掌握和运用已经迈出了一大步。至春秋战国时期，社会政治、经济、文化获得了前所未有的发展，中国古典美学思想进入启蒙阶段，以儒、道两家为代表的古典美学思想已经形成，并不断地推动着"目观为美"这简单朴素的低层次色彩美感认识向高层次色彩审美认识的发展。几千年来，以孔孟为代表的儒家色彩观和以老庄为代表的道家色彩观始终贯穿于中华民族的色彩审美意识之中，对民族精神的影响具有深远的意义。在民族色彩文明史上，记录着民族精神的全部过程。中华民族五千多年形成的色彩体系就是世界独特的"五色体系"。我们全面系统地了解"五色观"及其色彩文化内涵，有助于中华民族在全球一体化的世界文化格局中，保持鲜明的民族色彩个性。随着数字化时代的来临，传统的经典色彩已经面临数字色彩的挑战，人类的色彩活动必将进入一个崭新的时代。弘扬民族色彩文化，开拓丰富色彩表现语言，成为实现中华民族伟大复兴中不可缺少的一环。

二、颜色的文化意义

阴阳五行学说，把东、西、南、北、中这五方，春、夏、秋、冬这四季和青、赤、白、黑、黄这五种颜色联系在一起。根据《吕氏春秋》《礼记》《周礼》《淮南子》等书中的记载，它们相配的情况是这样：东方天帝是太昊，属木，主春，木为青色，所以叫青帝；南方天帝是炎帝，属火，主夏，火为赤色，所以叫赤帝；西方天帝是少昊，属金，主秋，金是白色，所以叫白帝；北方天帝是颛顼，属水，主冬，水是黑色，所以叫黑帝；中央是属于"土德"的黄帝，为黄色。

1. 黄色

宋代理学家朱熹说："黄，中央土之正色。"传说轩辕黄帝得"土德"，穿黄袍，戴黄冕，所以黄色便成了帝王之色，是皇权的象征，代表着尊贵、威严和至高无上。例如，北京故宫的大部分屋顶是黄色琉璃瓦，皇帝的衣服是黄色龙袍，出巡时打的是黄色龙旗，坐的是黄色龙辇，后宫寝室是用黄色的龙被、龙帐，皇帝的诏书更是写在黄绫之上。总之，黄色成了皇帝的专用色，其他人是绝对不能用的，如果用了，就会危及生命，因为擅自使用黄色意味着有谋反篡位之心。唐朝时，黄巢写了一首《咏菊》诗，歌颂黄色的菊花，自然被定为"反诗"之列，他就是借题抒发自己的造反之心。全诗如下："待到秋来九月八，我花开后百花杀。冲天香阵透长安，满城尽带黄金甲。"这首诗正是用满城遍布黄色的菊花，暗喻起义军希望推翻统治者、夺取政权的愿望。

2. 红色

红色是中国人最喜爱的喜庆之色。每到逢年过节、贺寿嫁娶、买卖开张、竣工典礼等各种庆祝活动，人们总是用红色作为主色。结婚时，要贴大红双喜字，新娘子穿红色衣服、戴红花、坐大红花轿，新郎要十字披红，洞房要布置得红彤彤的，点红蜡烛、铺红被褥，人们称"结婚"为"红喜"；春节时，家家贴红春联、红"福"字、挂大红灯笼、放红爆竹，给孩子的压岁钱要用红纸包上；各公司、商店发的奖金也是装在红袋内，称为"给红包"；妇女生小孩，要送红鸡蛋等。所以，红色在中国是幸福、欢乐的象征。

中国人对红色也有一些禁忌。在给别人写信的时候，禁用红色笔，因为这是一种断交的表示。也不能用红色笔写别人的名字，或在别人的名字上画红钩、打红叉，因为中国古时候，在处死罪犯时，才在他们的名字上打红钩。

3. 白色

对于世界上很多国家的人们来说，白色是纯洁明亮、高雅和坦率的象征。所以，在西方举行婚礼时，新娘子身着白色婚纱。可是，在中国人的传统观念中，白色表示肃穆和哀悼，只有在举行传统葬礼时，才使用白色。灵堂的布置使用白花，用白布做"台裙"，供桌上点着白色蜡烛，四周墙壁上挂着白色的挽联。死者的亲属穿白孝衫、白孝鞋和戴白孝帽。出殡时，打的是白纸幡，撒的是白纸钱。总之，白色给人带来静穆、哀伤的气氛。中国古书《礼记》中说："素服（白衣），以送终也。"因此，人们称葬礼是"白喜"。但是，由于受西方的影响，现代中国的年轻人在婚礼上会先穿白婚纱、黑礼服举行典礼；之后再换上红色的旗袍参加酒宴，展现了中外文化交融的景象。

在京剧表演艺术中，白色脸谱象征奸诈、阴险和歹毒。历史上的奸臣，如曹操、赵高、严嵩都被施以白色脸谱。

4. 黑色

黑色因为其颜色本身较暗，给人一种庄重、沉稳的感觉，所以它象征着严肃和刚毅。中国古代夏朝（约前2070—前1600）和秦朝（前221—前206）是崇尚黑色的，当时的官服和旗帜是黑颜色，秦朝老百姓因为用黑布包头，所以被叫作"黔首"。中国京剧脸谱中，黑色表示刚直、勇猛、淳朴和铁面无私。多少年来，一直为广大人民爱戴的清官——包拯，就是画黑色脸谱，被人们称作"包黑子"。其他还有李逵、尉迟恭、张飞、呼延庆等人物，他们有的是草莽英雄，有的是勇猛斗士，都有憨直、无私、可爱的一面。

在西方国家，黑色用在葬礼之中，人们穿黑色服装，戴黑领带、黑围巾、黑面纱，以表示肃穆、庄严，寄托对逝者的哀思。这种文化习俗现也传到中国，在一些大城市中，在追悼会上人们戴白花，臂上缠黑纱，已是很普遍的事情了。

另外，黑色又和黑暗相关联。中国古代有一种侮辱性的刑罚"墨刑"，就是在犯人的脸上刺上记号或文字，再涂上黑色的墨，使之永远不掉。虽然这种刑罚很久以前就被禁止了，但很多含有刑罚意义的字还是以"黑"为偏旁。在汉语中，黑字也出现在许多贬义词中，凡是不光明正大的举止，常常与"黑"联系在一起，如"黑手""黑货""黑市""黑名单"等。

"黑"字还有表示狠毒的含义，如"黑心肠"。近年来，又在此义上进行了引申，将那些贩卖假货、抬高物价、坑害别人、牟取暴利的行为评价为"真黑"或"太黑了"。

5. 绿色

绿色也是人们喜爱的颜色，它象征青春、希望、和平和充满活力。现代中国在很多方面也与世界其他国家一样，采用绿色，例如，邮政局工作人员穿绿服装，邮筒、邮箱涂成绿色；外科医生做手术时，穿绿色手术衣；交通信号的绿灯表示通行等。近年来，人们把那些没有受到化学污染的食品，称为"绿色食品"。

绿色在中国古代是底层人民的标志。官在七品以下穿绿衫，屠夫、酒保戴绿色巾帽。

总之，色彩对人的心理作用来源于人的生活经验。人对色彩的反应是普遍的，色彩的象征性也是非常鲜明的，不同时代、不同文化、不同地域、不同国家与民族喜欢的色彩不同，色彩的忌讳也不同。因此，在国际交往日益频繁的今天，我们更需要注重色彩在不同文化交流中的作用。

第三节　中国传统祥纹

一、祥纹的生成背景

趋吉避凶的传统心态构造，是中国民俗之树的躯干；丰富多彩的吉祥纹样图案，就是开放在它枝头上的缤纷花朵。它们存在于画稿图谱、建筑雕塑、织品花绣、金漆镶嵌、木器纹饰、陶瓷描绘、窗花剪纸、壁画挂历，乃至商标市招、广告宣传等社会生活的方方面面，为人民大众所喜闻乐见，显示出蓬勃的生命力。

吉祥图案是我国劳动人民创造的一种美术形式，是中国传统艺术宝库中的一枝奇葩。它源于商周，始于秦汉，发育于唐宋，成熟于明清。它那丰富的内涵、善美的理想，正是中华民族民间文化的象征。

吉祥图案出于吉祥观念，乃是民俗民风的象征。而吉祥观念的产生一直可上溯至原始社会的图腾崇拜。图腾是指一个民族的标志，一般是宗教的祖先和守护神，以祖灵崇拜为主，兼及生殖崇拜。此类吉祥图案有龙纹（如二龙戏珠），凤纹（如鸣凤朝阳），虎纹，犬纹，龟纹，蛇纹，鱼纹及葫芦、莲花（两者皆喻生命本源），石榴，葡萄，桃等，这些图案沿用至今。

中国历代的吉祥纹样，代代相承又代代相异。商周的威仪神秘，秦汉的质朴写实，魏晋的矫健刚劲，隋唐的丰满富丽，宋朝的典雅秀丽，明清的纤细巧密，都令人赞叹。

二、祥纹举要

1. 百花纹

百花纹又称"满花纹""万花纹""万花堆"，是一种典型的瓷器装饰纹样。它以多种花卉为题材绘满器身，其所组成的图案，如百花堆聚，富丽堂皇（图8.1）。

百花纹始见于清乾隆年间景德镇窑粉彩瓷器，流行于乾隆、嘉庆时期。图案以牡丹花为主，并绘有菊花、茶花、月季花、荷花、百合花等。画面繁密细致、五彩缤纷。由于百花繁密不易见纹饰底色，俗称"百花不露地"，绘画极为工致秀丽，花之仰覆姿势、阴阳反侧，都各尽其妍。北京故宫博物院藏有清乾隆百花纹直颈瓶，其上百花争艳、姣美妩媚。

图8.1　百花纹

2. 蝴蝶纹

蝴蝶纹是越窑青釉洗的一种典型瓷器装饰纹样，狭义上指仅蝴蝶纹饰，广义上则包含以蝴蝶为主、配以其他内容的纹饰（图8.2）。

由于受到宋代花鸟画的影响，蝴蝶纹于宋代开始盛行。宋瓷上蝴蝶纹多取蝴蝶对飞纹样，进行圆形构图。

图 8.2　蝴蝶纹

3. 团花纹

团花纹层次较多、形象丰富，有桃形莲瓣团花、多裂叶形团花、圆叶形团花以及三种花形团花。此外，还有菱形纹、龟甲纹边饰。纹样以大团花、大菱格纹为主，辅以百花蔓草、半团花、多瓣小花、小菱格、方胜、龟甲纹等。花形自然多变，叶短、肥、圆，围绕花朵铺展（图8.3）。

图 8.3　团花纹

4. 宝相花纹

宝相花纹是由盛开的花朵、花的瓣片、含苞欲放的花、花的蓓蕾和叶子等自然素材，按放射对称的规律重新组合而成的装饰花纹。清乾隆时宝相花纹多用作辅纹来衬托主纹，从而使装饰效果更加富丽堂皇（图8.4）。

图 8.4　宝相花纹

5. 桃纹

传说王母娘娘的蟠桃树，三千年开花、三千年结果，故桃树被视为长寿之树，民谚中有"榴开百子福，桃献千年寿"之说。在人的诞辰献"寿桃"祝寿是中国的传统文化，桃纹也因此是长寿的象征（图8.5）。

图 8.5　桃纹

6. 瓜果纹

这是一种典型的陶瓷器装饰纹样，以各种植物果实为主题。历代装饰手法有模印、贴塑、雕刻、彩绘等。瓜果纹始见于唐代，唐宋两代陶瓷器上以葡萄纹和石榴纹较为多见，有缠枝葡萄、婴戏葡萄、婴戏石榴等图案，寓意多子多孙（图8.6）。

图 8.6　瓜果纹

7. 缠枝纹

缠枝纹是中国古代传统纹饰之一，也是瓷器上最为常见的纹样，盛行于元代以后，明代或称为"转枝"，它以植物的枝干或蔓藤作为骨架，向上下、左右延伸，形成波线式的二方连续或四方连续纹样，循环往复、变化无穷。缠枝莲、缠枝牡丹、缠枝草蔓均属此类（图8.7）。

图 8.7　缠枝纹

8. 莲花纹

此纹自南北朝后流行，多出现在瓷器上作为装饰纹样。其样式变化丰富，有独立纹样，也有四方连续纹样。南北朝至唐代，莲花纹常作为瓷器的主题纹饰，碗、盏、钵、盘的外壁或内画复线仰莲，有的盘心还饰蓬莱纹，酷似盛开的莲花，也见雕刻成立体状的莲花（图8.8）。

图 8.8　莲花纹

9. 喜上眉梢纹

民间多以喜鹊喻喜庆之事，"梅"与"眉"同音，故又作"喜上眉梢"，描述人逢喜事、神情洋溢的样子。喜鹊、红梅、爆竹配合，则为"早春报喜""喜报春光"，寓意着春天的到来、喜事的降临。"喜鹊登梅"是中国民间最为喜闻乐见的吉祥喜庆图案（图 8.9）。

图 8.9　喜上眉梢纹

10. 雁纹

雁纹是凤鸟纹的一种，为中国古代传统纹饰之一。它是鸟纹中雁的写实形象，属春秋晚期的北方风格，多饰于鼎、簋、尊、卣、爵、觯、觥、壶等器物的颈、口、腹、足等部位（图 8.10）。

图 8.10　雁纹

11. 五福捧寿

　　这是五只蝙蝠围绕篆书"寿"字或桃的图案。《尚书·洪范》云："五福：一曰寿，二曰富，三曰康宁，四曰攸好德，五曰考终命。"攸好德，意思是所好者德；考终命即指善终不横夭。"五福捧寿"寓意为多福多寿（图 8.11）。

图 8.11　五福捧寿

12. 太平有象

　　此图为象驮宝瓶纹样。太平，谓时世安宁和平。《汉书·王莽传上》："天下太平，五谷成熟。"温庭筠《长安春晚》诗："四方无事太平年。"又指连年丰收。象寿命极长，被人看作瑞兽；象，也喻好景象。宝瓶，传说为观世音菩萨的净水瓶，也叫观音瓶，内盛圣水，据说滴洒能使人民得到祥瑞。"太平有象"也称"太平景象"，形容河清海晏、民康物阜（图 8.12）。

图 8.12　太平有象

13.　福增贵子

福增贵子由蝙蝠、桂花等图案组成。桂花的桂与"贵"同音，喻义"贵子"。古时，人们认为添子是"福"。生下男孩，邻里、亲朋都前往祝贺，"福增贵子"，便是此种用意的吉祥图案（图 8.13）。

图 8.13　福增贵子

14. 喜在眼前

此图由喜鹊、古钱构成。古时，用龟甲、齿贝当货币。商周以后，改用金属铸钱，有金、银、铜等，铜质货币俗称"铜钱"。喜鹊取一"喜"字，钱与"前"同音，"喜在眼前"，喜事在当前也（图8.14）。

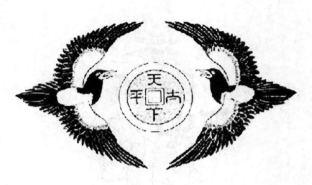

图 8.14　喜在眼前

15. 正午牡丹

此图由牡丹、猫构成。牡丹，落叶灌木，品种很多，花大而艳丽，是著名观赏花卉品种。牡丹向来被比作花中之王，具丰腴之姿、有富贵之态，无论摆设、入画，极其富丽堂皇，故又称"国色天香"。唐朝刘禹锡有诗曰："唯有牡丹真国色，花开时节动京城。"初夏正午是牡丹开得最鲜艳之时。活到八九十岁的长寿老人称为"耄耋"，而猫与"耄"谐音，故画牡丹和猫隐喻福寿双全（图8.15）。

图 8.15　正午牡丹

第四节 汉字的艺术

汉字是表意文字，本身就蕴含着丰富的意义。在几千年的发展过程中，汉字不仅传递着信息和情感，同时也凝结着中华民族特有的审美心态和思维观念。汉字在不断繁衍、变化出各种形体的同时，也在不断丰富和拓展着自身的意义。汉字的字形与含义有着直接的联系，也逐渐形成了以形会意、以意会心的独特风格。

汉字的象形化造型特征来源于自然，是先人通过对物象的长期观察描绘，将其形体特征进行高度概括提炼的结果。早期的汉字形体是对自然物象的真实再现，在我国甲骨文、金文的象形形态中，便可感悟到汉字渗透着中国人的自然价值观。文字的形体和结构高度概括了事物的主要特征，从而涵盖和反映了物象的基本信息。例如，甲骨文中的"鸟"字，文字对鸟这一物象的刻写惟妙惟肖，就连其转头和啄食都表现了出来。通过对复杂物象的形象特征进行规律性的组织和归纳，象形的字形被积极地表现出来，形成了以线为造型的汉字。即使今天的汉字已经不再具象，并且以形声、合体字为主，但仍旧保留着象形的痕迹。

一、汉字文化意象呈现

考古学认为，刻画在半坡遗址陶器上的符号就是汉字的雏形。汉字从形成发展到成为文字体系的甲骨文，其间经历了漫长的过程，逐渐形成以"象形"为基础的字形结构，并随着历史的发展而逐渐符号化。从汉字的构成特点和形成过程来看，一方面，汉字体现了当时社会的文化现象和文化观念；另一方面，汉字也反映出了汉民族文化的特征。文字是文化的组成部分，能反映出本民族绚丽多彩的文化现象。中国传统文化能流传至今，其中汉字文化起到了非常重要的作用。汉字因为形、音、义的三位合一，携带了巨大的信息量，其内涵也充分体现了古人"天人合一"的理念和对传统的恪守。此外，汉字也因为其结构复杂、表意深刻的特征，成为中华传统文化的缩影。把具有深厚文化底蕴的汉字与多维发散的现代设计相融合，可以实现汉字艺术在设计思路、设计方法和汉字解析上的突围，"万变不离其宗"，从而全面展现中华传统一元文化与世界当代多元文化在现代艺术设计上的交流与融合。

二、汉字的视觉图形语言

汉字从萌芽阶段就已被深深地打上了"象形"和"美化"的烙印，以"象形"特征构成的汉字来源于物象的形象，是一种独立的图像。因此，首先从视觉传达的角度来看，"象形"文字是一种极具感染力的视觉图形元素，不仅可以"读"，而且可以"看"，直接体现出视觉传达功能的核心本质。例如，中国民间艺人在遵循中国汉字的造字方式基础上，通过对生活的热爱和感悟，创造出无数巧妙而富有吉祥意趣的图形文字。应用在建筑物部件、牌匾、瓷器等器物上的图形文字中，大多数汉字是适应物件之形，将笔画稍作处理。还有的图形文字是以建筑物上的"禄"字窗、"喜"字窗、"福"字窗等艺术形态的方式呈现出来。

其次，是字画相融，字即是画，画即是字。在保持汉字形态的识别前提下，在文字的笔画部分添加相关图形元素，运用装饰人物以及花鸟鱼虫等图画形象来对汉字进行美化装饰，使汉字呈现出浓郁的装饰风格，使其形象更为生动、质朴。如民间常用的"福""禄""寿""喜"等汉字，就是将生活中的市井百态、花鸟鱼虫嵌入汉字的笔画之中，最终展开一幅幅现实生活的生动画面。有的则运用图形替代汉字的某个笔画或部首，在文字的表达含义上保持一致，更加突出汉字的含义。还有一种形式则是运用借字、拆字、造字的表现形态，将汉字的笔画部分进行拆解和重新组合，相互借用、相互穿插，让字与字的笔画在组合之下变得巧妙而美观，呈现出"我中有你、你中有我"的艺术形态。如我国民间典型的年画"日进斗金""三羊开泰"汉字图形，便运用了这种手法，将汉字表现得更加新颖美观（图8.16）。

中国传统汉字艺术的图形化特征充分体现了我们祖先的智慧与艺术审美，将这种具有浓郁的装饰性和强烈民族特色的汉字作为设计元素，运用现代的设计手法进行归纳、提炼、重构，将其运用在现代设计作品中，可以充分体现出东方特色的审美趣味和内在文化之美，从而进一步加强设计作品的艺术感染力。

图 8.16　传统年画字体设计

三、汉字的意象思维特征

"意象"也称为"象征"，是用某种具体的形象来说明某种抽象的观念或原则，是一种由具体到抽象的飞跃。中国人讲究含蓄、诗化、意境，意境是中国古典美学的重要范畴，是作家的主观情意与客观物境交融而成的一种完美的艺术境界。从传统文化学角度来看，汉字造字原则来源于"六书"，汉字有着"字象""字境"之分。"象"是从画面上可以看出的实境，字"象"即字"像"，也就是对照字的形态理解字的意思，也就是所谓"象形"字，即为"实"。"境"则是由"象"所引起的联想，而形成的又一片新境"象"，也就是所谓"假借"字，即为"虚"。意境中的"实象"与"虚象"的矛盾统一，正是意境形成过程中所表现出来的一大特点，"实象"是物的美性部分，"虚象"是物的表现部分。汉字巧妙的构造方法以及其中丰富的联想，使得每一个字都被赋予了深刻的含义。这种"意象"特征是中国人对"物象"长期的观察，使用符号形象对"物象"的再现，渗透了人类情感和价值的判断。因此，汉字在不断抽象、简化及演变发展的过程中，形成了一种特殊的"意象"学术价值。将这种凝聚了丰富视觉形象和象征意义的汉字作为现代设计元素并融入现代艺术设计领域，不仅实现了汉字本身丰富性和艺术性的重新诠释及艺术重建，更使汉字获得新的生命力，同时也可使现代艺术设计作品达到"形"和"意"的完美结合。

在漫长的历史演进过程中，我国丰富的历史文化信息和悠久的传统文化因为汉字得以传承，作为中华文化的"活化石"，汉字已经升华为中华民族文化的核心要素。汉字作为中国传统文化中的精粹，不仅具有丰富的文化内涵，还具有独特的图像特征，拥有表达情感和展现形式美的功能和作用。不论是高端优雅的视觉形象，还是底蕴深厚的文化精神，汉字对开拓现代设计的思维及丰富现代设计的表现手法都有着重要的作用。

参考文献

[1] 杨伯峻. 论语译注 [M]. 北京: 中华书局, 1980.

[2] 杨伯峻. 孟子译注 [M]. 北京: 中华书局, 2008.

[3] 周振甫. 诗经译注 [M]. 北京: 中华书局, 2002.

[4] 杨天宇. 礼记译注 [M]. 上海: 上海古籍出版社, 1997.

[5] 司马迁. 史记 [M]. 北京: 中华书局, 1997.

[6] 饶尚宽. 老子译注 [M]. 北京: 中华书局, 2006.

[7] 陈鼓应. 庄子今注今译 [M]. 北京: 中华书局, 1983.

[8] 章太炎. 国故论衡 [M]. 北京: 商务印书馆, 2010.

[9] 张志烈, 伍厚恺. 中西文化概论 [M]. 北京: 高等教育出版社, 2009.

[10] 谭平, 万平. 国学经典导论 [M]. 北京: 人民出版社, 2010.

[11] 吴汝纶. 吴汝纶全集 (第3册, 东游丛录) [M]. 合肥: 黄山书社, 2000.

[12] 张岱年. 张岱年全集 [M]. 石家庄: 河北人民出版社, 1996.

[13] 梁启超. 中古历史研究法 [M]. 北京: 中华书局, 2009.

[14] 辜鸿铭. 辜鸿铭讲论语 [M]. 北京: 北京理工大学出版社, 2013.

[15] 王孺童. 国民阅读经典: 道德经讲义 [M]. 北京: 中华书局, 2013.

[16] 曹金洪. 诸子百家 [M]. 北京: 燕山出版社, 2011.

[17] 周作人. 中国新文学大系 [M]. 上海: 上海良友图书公司, 1935.

[18] 张松如. 中国诗史·先秦两汉 [M]. 长春: 吉林大学出版社, 1998.

[19] 赵沛霖. 兴的起源——历史积淀与诗歌艺术 [M]. 北京: 中国社会科学出版社, 1987.

[20] 格塞罗. 艺术的起源 [M]. 北京: 三联书店, 1995.

[21] 莱辛. 拉奥孔 [M]. 北京: 人民文学出版社, 1979.

[22] 张明玲. 色彩文化 [M]. 北京: 中国经济出版社, 2013.

[23] 葛剑雄. 中国古代为何有重视历史的传统 [N]. 北京日报, 2009-02-23.

[24] 张桂萍. 司马迁与中国史学的良史思想传统 [J]. 学术研究, 2004 (3): 83-89.

[25] 靳莎莎. 从《乐记》看孔子的礼乐思想 [J]. 流行歌曲, 2012 (29): 6-7.

[26] 冯兵. 生存智慧、人文理性与中和精神——中国礼乐起源与发展的内在理路 [J]. 学术月刊, 2010 (2): 56-62.

[27] 李荀华. 诗乐舞三位一体的文化解读 [J]. 中国文学研究, 2009 (2): 39-42.

[28] 彭胜春. 中国舞文化中儒家思想的渗透 [J]. 魅力中国, 2008 (12): 116-118.

[29] 张琼. 浅析道家思想对中国古典舞的影响 [J]. 戏剧之家, 2015 (4): 154.

[30] 陆蕾. 汉字文化的现代艺术设计价值解析 [J]. 学术论坛, 2015 (12): 262-263.

后　记

习近平总书记说："中华文化积淀着中华民族最深沉的精神追求，是中华民族生生不息、发展壮大的丰厚滋养。"民族精神的培育离不开传统文化的精华滋养，加强国学教育正是为了重铸中华文化之魂。

自从教以来，笔者一直在思考，国学教育如何能够有效地陶冶学生的情操、提升学生的素质，如何能更好地促进学生人格的养成，如何能让国学教育既是通识教育又是专业教育。"艺融国学"概念的提出，就是对此进行的初步探索。国学内容博大精深，选取与学生专业最相关的部分，既提高了学生的专业理论修养，也增强其对传统文化的认同感。项目虽已结题，教材也已出版，但笔者对"艺融国学"的探索仍将坚定地走下去。

感谢重庆市教委对艺术类院校传统文化教育的重视，对此项目予以资助；感谢重庆文化艺术职业学院对此项目的资助、支持和鼓励，让国学的教学改革工作得以顺利进行，使本书得以顺利出版。

感谢本书的编辑老师。为了本书的顺利出版，她们两位做了大量的工作。建议、增删、补充、完善，在本书的每一处都留下她们辛勤的汗水与努力，从而提高了本书的学术水平和编校质量。

此外，笔者在编写此书的过程中，参考了相关论著，吸收了学界新的科研成果，限于篇幅，无法一一罗列。在此，谨向各位专家学者表示衷心的感谢！此书所研究的相关问题难免有疏漏和不足之处，恳请各位专家、读者批评指正。

张会

2017 年 8 月 5 日